In dieser Reihe sind
bisher erschienen:

RICHTIG

BLV SPORTPRAXIS TOP

Rudolf B. Holzapfel

Tauchen

Die Deutsche Bibliothek –
CIP-Einheitsaufnahme

Holzapfel, Rudolf B.:
Richtig tauchen / Rudolf B. Holzapfel. –
9., überarb. Aufl., Neuaufl. – München;
Wien; Zürich: BLV, 1997
    (BLV-Sportpraxis : Top)
    ISBN 3-405-16027-8

BLV Verlagsgesellschaft mbH
München Wien Zürich
80797 München

BLV Sportpraxis Top

Neunte, überarbeitete Auflage
(Neuausgabe)

© BLV Verlagsgesellschaft mbH,
München 2000

Satz und Druck: Appl, Wemding
Bindung: Großbuchbinderei Monheim,
Monheim

Gedruckt auf chlorfrei gebleichtem Papier

Printed in Germany

ISBN 3-405-16027-8

Bildnachweis

Alle Fotos vom Autor außer
M. Barthel S. 82, 84, 92, 93
Bauer-Werkfoto S. 41 (2×), 43
E. Besendorfer S. 28 (oben), 51, 83,
109
A. Koffka S. 2
U. Möckli S. 127
D. Reimer S. 7, 27
P. Reisinger S. 125, 126 (oben)
T. Schur S. 23, 28 (unten), 126 (unten)
Scubapro-Werkfoto S. 29 (2×), 30, 31,
33 (2×), 35, 36, 37, 38, 39, 46,
47 (2×), 48 (2×), 50

Grafiken: Barbara von Damnitz außer
Fa. Haux life-Support S. 123
J. Mair S. 65

Umschlagfotos: A. Koffka (Vorderseite)
T. Müller (Rückseite)

Vorwort

Tauchen ist eines der letzten sportlichen Abenteuer in unserer hochtechnisierten Welt. Es ist ein leiser Sport, ein Sport, der den Individualisten anspricht. Ähnlich dem Bergsteigen vermittelt der Blick unter Wasser ein elementares Naturerlebnis, fasziniert durch die Vielfalt der Farben und Formen und schlägt uns in Bann. Das schwerelose Gleiten in dem Element, aus dem alles Leben hervorgegangen ist, hat schon manchen Taucher süchtig gemacht.

Der Raubbau an der Natur macht auch vor dem Leben im Wasser nicht halt; wir Taucher sind aufgerufen, einen Beitrag zur Erhaltung dieses, für uns Menschen lebensnotwendigen Raumes zu leisten, indem wir unsere Sammlerleidenschaft zügeln und Unterwasserjagd nur noch mit Kamera und Foto ausüben.

Dieses Buch wird große Standardwerke nicht ersetzen können, es soll Ihnen aber in knapper Form alle wesentlichen Aspekte des Tauchens näherbringen, dem Anfänger ein Begleiter im Tauchunterricht sein und für den schon geübten Taucher ein Nachschlagewerk darstellen, in dem er Vergessenes in Kürze wieder auffrischen kann. Tauchen ist ein Sport, der sich nach gründlicher Schulung schnell und sicher erlernen läßt. Allein mit diesem Lehrbuch können Sie jedoch kein Taucher werden. Grundlage jeder Tauchausbildung ist und bleibt die systematische Schulung in einer anerkannten Tauchschule unter Anleitung eines erfahrenen Lehrers.

Bevor Sie sich aber zu einem Tauchkurs anmelden, müssen Sie klären, ob die erforderlichen persönlichen Voraussetzungen erfüllt sind. Sie müssen gesund sein und sich deshalb einer tauchsportlichen Untersuchung unterziehen. Ihr Schwimmvermögen sollte Sie befähigen, eine längere Strecke im Wasser ohne allzu große Anstrengung zurücklegen zu können. Eine Altersbegrenzung ist nur nach unten gegeben, im Freiwasser sollte erst etwa ab dem 14. Lebensjahr getaucht werden. Daß nach oben, bei entsprechender Gesundheit, keine Grenzen gesetzt sind, sehen Sie an Leni Riefenstahl, die erst nach dem 70. Lebensjahr mit dem Tauchen begann und später eine weltbekannte Unterwasserfotografin wurde.

Wenn Tauchen oft als riskanter, ja gefährlicher Sport bezeichnet wird, so liegt das fast ausschließlich an Leichtsinn, Selbstüberschätzung und mangelhafter Ausbildung derjenigen, die einen Tauchunfall erleiden. Deshalb sollten Sie die Sicherheitsregeln, die ich Ihnen mit diesem Buch vermitteln möchte, beherzigen und immer wieder in Erinnerung rufen; dann wird Tauchen zu einem ungefährlichen und unbeschwerten Erlebnis.

Das vorliegende Buch ist mittlerweile zu einem etablierten Standardwerk in der Tauchausbildung avanciert. Mit der Ergänzung durch das Kapitel »Nitroxtauchen« ist diese 9. Auflage absolut aktuell, und es können dadurch technische Weiterentwicklun-

gen und medizinische Erkenntnisse in die Tauchausbildung integriert werden.

Mein Dank gilt wiederum einigen Tauchlehrerkollegen, Tauchärzten und Herstellern, die kritische und wertvolle Hinweise für diese Auflage beigesteuert haben.

Die Vereinheitlichung von Normen und Ausbildungszielen hat zu einem weiteren Konsens der Tauchsportverbände und der gewerblichen Tauchschulen geführt. Diesen Tendenzen ist in der vorliegenden Auflage wiederum Rechnung getragen, zum Vorteil von Lehrenden und Lernenden, im Sinne einer gefahrlosen Weiterentwicklung des Tauchsports.

Dr. med. Rudolf B. Holzapfel

Tauchmedizin

Ernährung und Stoffwechsel

Der menschliche Körper benötigt zur Aufrechterhaltung der normalen Lebensfunktion eine Vielzahl verschiedenartiger Nähr- und Aufbaustoffe. Hauptbestandteile der Nahrung sind Fette, Eiweiß, Kohlenhydrate, Vitamine und Flüssigkeit. Nachdem die Nährstoffe im Verdauungstrakt in die verwertbaren Bestandteile Stärke, Traubenzucker, Eiweiß und Fett aufgespalten wurden, findet in den Zellen der Aufbau neuer Zellbausteine statt, als Nebenprodukt entsteht Wärme. Die dabei anfallenden Stoffwechselprodukte, das sind Kohlendioxid, wasser- und stickstoffhaltige Schlacken, werden über den Dickdarm unter Wasserentzug, über die Nieren als Harn sowie über die Lunge als Kohlendioxid an die Außenwelt abgegeben.

Die Energie der Nährstoffe kann in den Zellen nur verwertet werden, wenn Sauerstoff vorhanden ist. Bei diesem, als stille Verbrennung bezeichneter Vorgang, wird chemische Energie in Muskelarbeit und Wärme umgewandelt. Diese Wärmefreisetzung bewirkt die normale Körpertemperatur von 37 °C.

Schon Temperaturverschiebungen von 1 °C bewirken eine starke Beeinträchtigung des Allgemeinempfindens. Der für die Verbrennung notwendige Sauerstoff wird bei der Atmung zugeführt.

Atmung

Durch die Atmung wird unser Körper mit dem lebenswichtigen Sauerstoff versorgt; gleichzeitig wird bei der Atmung das durch Stoffwechselvorgänge entstehende Kohlendioxid (CO_2) abgegeben. Die Luft, die 21 % Sauerstoff (O_2) enthält, kommt durch Nase oder Mund in den Rachenraum und wird dort angefeuchtet, erwärmt und gereinigt. Von hier gelangt sie über die Luftröhre in die beiden Bronchialhauptäste und damit in die beiden Lungenflügel. Dort gelangt die Luft durch Verzweigungen der Bronchien schließlich in die Lungenbläschen oder Alveolen. Sie haben eine atmungsaktive Oberfläche von etwa 100 qm. Die Alveolen sind traubenartig angeordnet und von einer äußerst dünnen Haut umgeben. In diese Haut sind feinste Blutgefäße, Lungenkapillaren, eingebettet. Die Wände der Alveolen sind für Gase leicht durchgängig. Auf dem Weg der Diffusion (Durchtreten von Stoffen durch eine dünne Membran) erfolgt der Sauerstoffeintritt aus der Einatemluft in die Alveolen und weiter über die kapillaren Blutgefäße zum Herzen und in den Körper. Der Gasaustausch erfolgt immer vom Ort der höheren zum Ort der niedrigeren Konzentration. Darauf beruhen Aufnahme des Sauerstoffs und Abgabe des Kohlendioxids. Sauerstoff sowie Kohlendioxid werden chemisch im

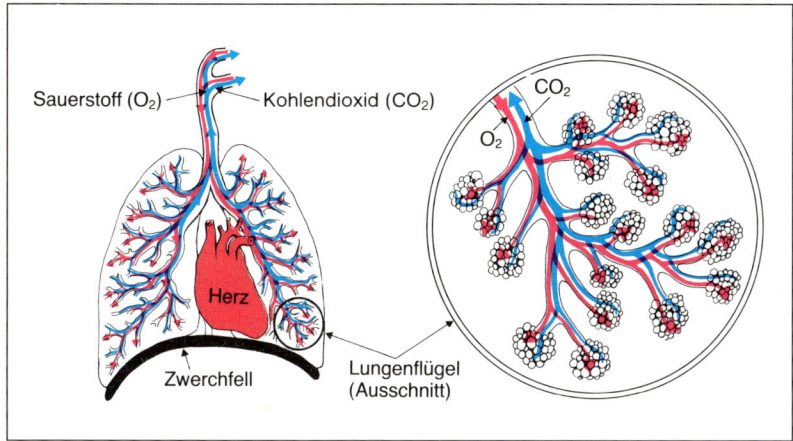

Sauerstoff (O$_2$) — Kohlendioxid (CO$_2$)

CO$_2$

O$_2$

Herz

Zwerchfell

Lungenflügel
(Ausschnitt)

Gasaustausch
in der Lunge

Blut gebunden; die anderen in der Atemluft befindlichen Gase gehen im Körper physikalisch in Lösung, bevorzugt der Stickstoff, der die Hauptmasse der Luft bildet (ca. 4/5) und als Füllgas bezeichnet wird. Stickstoff und Edelgase gehen im Körper unter Normalbedingungen keine chemischen Bindungen ein.

Zur Erneuerung der Luft in den Lungen ist ein ständiger Austausch der Luft nötig (Ventilation), der durch rhythmisch wechselnde Ein- und Ausatmung erfolgt. Diese Atembewegung erfolgt durch Zusammenziehen und Entspannen verschiedener Muskelgruppen und Gewebe. Beteiligt an der Atmung sind der Brustkorb, die Zwischenrippenmuskulatur, das Zwerchfell und die Lungen selbst. Der Brustkorb ist elastisch und kehrt sowohl bei Ein- wie auch Ausatmung immer in seine Ausgangslage (= Atemruhelage) zurück.

Die Einatmung erfolgt durch Hebung des Brustkorbes mittels der Zwischenrippenmuskulatur und Anspannung des Zwerchfelles sowie der damit verbundenen Zwerchfellabflachung. Es entsteht durch die Volumenvergrößerung ein Unterdruck in der Lunge, der durch Einströmen von Luft ausgeglichen wird. Die Einatmung ist also ein aktiver, von Muskelarbeit abhängiger Vorgang, während die Ausatmung passiv verläuft: die Zwischenrippenmuskulatur erschlafft, der Brustkorb sinkt durch seine Eigenspannung in sich zusammen und geht in seine Ruhelage zurück, und das Zwerchfell wölbt sich ebenfalls in seine Ruhelage nach oben zurück. Die damit verbundene Volumenverringerung bewirkt ein Ausströmen der Luft über die Atemwege.

Bei der Ausatmung wirken elastische Fasern der Lunge mit; sie haben das

9

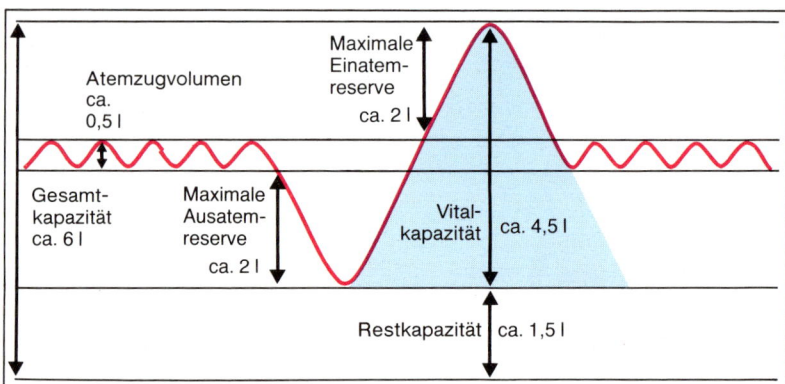

Atemzugvolumen ca. 0,5 l

Maximale Einatemreserve ca. 2 l

Gesamtkapazität ca. 6 l

Maximale Ausatemreserve ca. 2 l

Vitalkapazität ca. 4,5 l

Restkapazität ca. 1,5 l

Die verschiedenen Atemvolumina

Bestreben, sich zusammenzuziehen. Normalerweise sind diese Fasern gedehnt. Ursache ist der zwischen Lunge und Brustkorbinnenwand herrschende Unterdruck von wenigen Millibar.

Die Lungenoberfläche ist von einer Haut, dem Lungenfell, überzogen, die Brustwand ist innen vom Brustfell ausgekleidet. Beide sind normalerweise nicht miteinander verwachsen: zwischen ihnen besteht ein Hohlraum (Pleuraspalt), der mit Flüssigkeit gefüllt ist und in dem der genannte Unterdruck herrscht. Bei einer Verletzung, die ein Lufteindringen in den Pleuraspalt ermöglicht, kann die Lunge durch den elastischen Faserzug bis auf Faustgröße zusammenschrumpfen (Pneumothorax). Dadurch kann ein lebensbedrohlicher Zustand entstehen. Bei normaler Atmung wird nur ein Teil der in den Lungen befindlichen Luft erneuert; ein großer Teil bleibt in den Lungen zurück. Die Luftmenge, die bei einer normalen Ein- und Ausatmung bewegt wird, bezeichnet man als Atemzugvolumen; es beträgt ungefähr 0,5 l. Da wir ca. 15- bis 20mal in der Minute atmen, werden in 1 Minute ungefähr 6 bis 10 l Atemluft bewegt. Die maximal eingeatmete Luftmenge wird als Vitalkapazität bezeichnet. Auch bei maximaler Ausatmung verbleibt ein gewisses Restvolumen (= Restkapazität) in den starren Hohlräumen wie Luftröhre und Bronchien. Luftmengen werden in Barliter (barl) angegeben. Damit ist ein Liter Luft bei einem Umgebungsdruck von 1 bar gemeint. Dies entspricht ca. 1,3 g Luft bei 0 °C.

Die normale Atemluft enthält ca. 21 % Sauerstoff. Beim Einatmen werden im Körper 4 % Sauerstoff chemisch gebunden und zur Verbrennung weitergeleitet. Bei erhöhtem Sauerstoffverbrauch, also bei körperlichen Belastungen, wird durch eine Beschleunigung und Vertiefung der Atmung der erhöhte Sauerstoffbedarf befriedigt. Die pro Atemzug gebundene Menge von 4 % Sauerstoff bleibt jedoch konstant.

Den Impuls für die Atmungsbewegung erteilt das Atemzentrum, das im verlängerten Rückenmark (Übergang Rückenmark – Gehirn) lokalisiert ist. Das Atemzentrum reagiert auf den **Kohlensäurespiegel** im Blut, also auf den Anteil des gebundenen Abbauproduktes Kohlendioxid. Bei körperlicher Anstrengung steigt der Kohlensäurespiegel durch die erhöhte Verbrennung; hierdurch wird das Atemzentrum zu verstärkter Impulsgebung für die Atemmuskulatur angeregt und somit der erhöhte Sauerstoffbedarf im Körper gedeckt. Bei starker Belastung können bis zu 120 l Luft pro Minute veratmet werden.

Der Transport des aufgenommenen Sauerstoffes sowie des Kohlendioxids und der gelösten Nährstoffe wird vom Blut übernommen.

Herz-Kreislauf-System

Es ist das Transport- und Verteilersystem des Körpers. Für den ständigen Kreislauf des Blutes sorgt das Herz; es bringt als Pumpe die nötige Kraft mit, das Blut auch in die entlegenen Körperteile zu transportieren. Es schlägt unter Normalbedingungen ca. 70- bis 75mal in der Minute und befördert dabei eine Blutmenge von 5 bis 6 Liter. Bei starker Belastung kann das Herz eine Frequenz von 180 Schlägen pro Minute und mehr erreichen und dabei bis zu 30 Liter Blut pro Minute transportieren.

Die Herztätigkeit ist unserem Willen nicht unterworfen und verläuft unabhängig davon. Das Herz ist ein etwa faustgroßer, aus quergestreifter Muskulatur bestehender Hohlkörper, der ein eigenes Nerven- und Gefäßsystem besitzt. Es wird durch eine Scheidewand in eine linke und eine rechte Herzhälfte unterteilt; diese Hälften lassen sich in Vor- und Hauptkammer unterteilen. Die Kammern wirken nach dem Prinzip der Saug- und Druckpumpe. Die Kammern haben ein Herzklappensystem, das für die Fließrichtung des Blutstromes verantwortlich ist. Das Herz pumpt durch ein weitverzweigtes Gefäßsystem das Blut in den Körper (arterielles Blut) und »saugt« es wieder zum Herzen zurück (venöses Blut). Grundsätzlich werden alle vom Herzen wegführenden Gefäße als **Arterien,** die zum Herzen hinführenden Gefäße als **Venen** bezeichnet.

Der Körperkreislauf befördert das sauerstoffreiche Blut in den Körper. Er beginnt in der linken Herzkammer und führt das Blut unter Druck durch die **Aorta** (Hauptschlagader) sowie ihre Arterien (Verzweigungen der Hauptschlagader) weiter an die feinen Kapillargefäße, in denen an den Organen und Zellen der Stoffaustausch vollzogen wird. Dabei werden Nährstoffe und Sauerstoff abgegeben, Kohlendioxid und Abbauprodukte aufgenommen. Das nun mit Kohlendioxid beladene Blut gelangt über die Venen zur rechten Herzvorkammer und von dort in die rechte Herzkammer.

Von dort wird es über die **Lungenarterie** in die Haargefäße der Lungen-

11

bläschen geführt. Hier erfolgt der Gasaustausch auf dem Weg der Diffusion; Kohlendioxid wird abgegeben und Sauerstoff aufgenommen. Von den Lungenbläschen strömt das nun wieder mit Sauerstoff angereicherte Blut über die **Lungenvene** zurück zur linken Herzvorkammer, um von neuem die Reise durch den Körper zu beginnen.

Die Blutmenge beträgt beim Erwachsenen rund 8 % seines Körpergewichtes; also etwa 5 bis 6 Liter. Das Blut ist aus mehreren Bestandteilen zusammengesetzt: Die Blutflüssigkeit kann von festen Bestandteilen befreit werden, es bleibt das Blutplasma zurück. Wird aus dem Plasma der Gerinnungsstoff Fibrin entfernt, so bleibt das Blutserum zurück. Die festen Bestandteile des Blutes haben verschiedene Aufgaben: die weißen Blutkörperchen (Leukozyten) dienen als »Schutzpolizei« gegen eindringende Krankheitserreger, die Blutplättchen (Thrombozyten) sind ebenso wie das Fibrin an der Gerinnung des Blutes beteiligt. Die roten Blutkörperchen (Erythrozyten) sind am Gasaustausch beteiligt. Deren Farbstoff (**Hämoglobin**), der dem Blut seine charakteristische Farbe verleiht, geht mit Sauerstoff sehr schnell eine chemische Verbindung ein, die leicht gespalten werden kann und somit den Sauerstoff an die Zellen abgibt. Um bei einem Tauchunfall wirkungsvoll Atemspende und äußere Herzmassage durchführen zu können, ist die Kenntnis der Funktion von Atmung und Herz-Kreislauf-System unerläßlich.

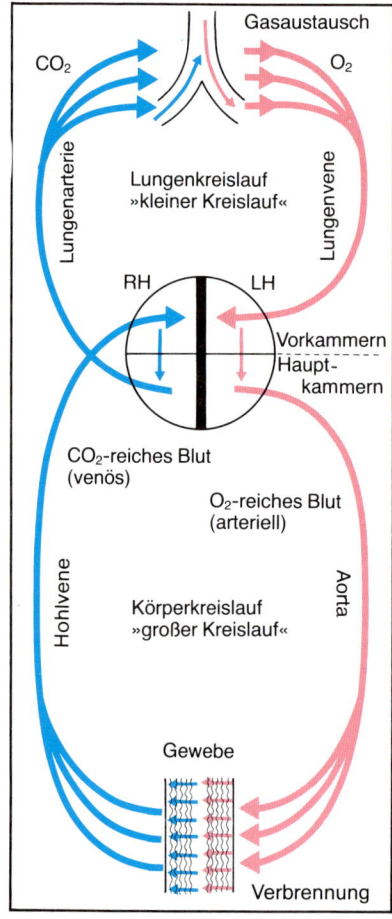

Die funktionellen Beziehungen zwischen Körper- und Lungenkreislauf

Luftgefüllte Hohlräume

Unter normalen Lebensbedingungen schenken wir diesen Hohlräumen keine Beachtung; erst beim Tauchen oder Fliegen müssen wir ihnen unsere besondere Aufmerksamkeit widmen.

Die Schädelhöhlen

Die Mittelohr- oder Paukenhöhlen sind mit dem Nasen-Rachenraum durch feine Verbindungskanäle, den Ohrtuben oder **Eustach'schen** Röhren, verbunden. Diese Tuben sind normalerweise gegen den Nasen-Rachenraum hin verschlossen und werden nur durch Schlucken, Kauen oder den noch zu besprechenden aktiven Druckausgleich geöffnet. Das Mittelohr ist gegen den äußeren Gehörgang durch das Trommelfell luftdicht abgeschlossen. Das Trommelfell ist eine Membran, die von den einfallenden Schallwellen in Schwingungen versetzt wird. Diese Schwingungen werden auf die im Mittelohr befindlichen Gehörknöchelchen übertragen und

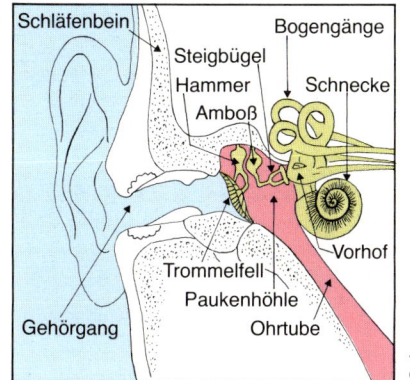

Aufbau des Gehörsystems

weitergeleitet auf die Flüssigkeit, die sich im schneckenförmig gewundenen Gangsystem des Innenohres befindet. Die Kieferhöhlen sind auf beiden Seiten hinter den Backenknochen eingelagert und haben Verbindungsgänge zu den Nasenhöhlen, die normalerweise immer geöffnet sind. Auch die Stirnhöhlen, die knapp über der Nasenwurzel im Schädel eingebettet sind, stehen mit den Nasenhöhlen durch Gänge in ständiger Verbindung. Gleiches gilt für die Siebbein-

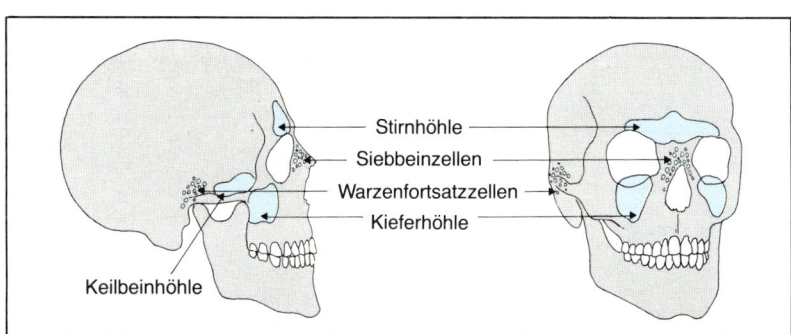

Starre luftgefüllte Nebenhöhlen

13

zellen, die seitlich hinter den Nasenhöhlen angelegt sind. Die hinter dem Ohr liegenden Warzenfortsatzzellen sind über das Mittelohr mit dem Nasen-Rachenraum verbunden, ebenso die Keilbeinhöhle.

Die Schädelhöhlen sind sehr leicht anfällig für Entzündungen und Infektionen. Es kommt dabei meist zu einem Anschwellen der Schleimhäute, welche die Höhlen auskleiden. Dabei werden oft die Verbindungswege zum Nasen-Rachenraum verschlossen.

Die Körperhöhlen

Auch innerhalb des Körpers befinden sich luftgefüllte Hohlräume; an erster Stelle ist hier die Lunge zu nennen, die vom Brustkorb umschlossen ist und daher nur eine geringe räumliche Ausdehnungsmöglichkeit besitzt. Die Luftblasen im Magen und die Gaseinschlüsse im Darm unterliegen beim Tauchen ebenso wie die anderen Hohlräume im Körper den Druckwirkungen des umgebenden Wassers.

Testfragen

1. Was bezeichnet man als »stille« Verbrennung?
2. Wie hoch ist die normale Körpertemperatur?
3. Welche Gase werden bei der Atmung aufgenommen und welche abgegeben?
4. Welche Gase gehen im Körper chemische Reaktionen ein; welche nicht (unter Normalbedingungen)?
5. Erkläre den Atemvorgang.
6. Wie läßt sich das Fassungsvermögen der Lunge einteilen?
7. Wieviel % Sauerstoff werden beim Einatmen im Körper gebunden?
8. Wonach richtet sich der Atemreiz im Atemzentrum?
9. Welche Blutmenge fördert das Herz eines Erwachsenen in einer Minute?
10. Wie verlaufen großer und kleiner Blutkreislauf?
11. Welche Blutgefäße werden als Arterien, welche als Venen bezeichnet?
12. Wie wirken sich Entzündungen in den Schädelhöhlen aus?
13. Skizziere den anatomischen Aufbau der Gehörorgane und ihre Funktion.
14. Welche Schädelhöhlen gibt es, wie stehen sie mit dem Nasen-Rachenraum in Verbindung?

Physik

Unter Physik verstehen wir die immer wiederkehrenden Gesetzmäßigkeiten der unbelebten Natur. Diesen Gesetzen schenken wir normalerweise keine Beachtung, da wir an umweltbedingte Gegebenheiten angepaßt sind. Verlassen wir aber unseren gewohnten Lebensraum, so erlangen diese Gesetzmäßigkeiten so große Bedeutung, daß sie lebensbedrohenden Einfluß haben können. Wir müssen uns daher mit den wichtigsten physikalischen Gesetzen vertraut machen.

Eigenschaften der Luft

Die normale atmosphärische Luft besteht aus einem Gasgemisch. Luft hat, wie auch alle anderen Gase, keine bestimmte Gestalt und auch kein bestimmtes Volumen. Gase lösen sich unter Druck in Flüssigkeiten; außerdem füllen sie jeden angebotenen Raum aus und lassen sich nahezu beliebig zusammendrücken (komprimieren); sie üben aufgrund ihrer Masse einen Druck auf eine Oberfläche aus.

Zusammensetzung der Luft

78 %	Stickstoff (N_2)
21 %	Sauerstoff (O_2)
0,9 %	Edelgase, Wasserdampf und andere Gase
0,03 %	Kohlendioxid (CO_2)

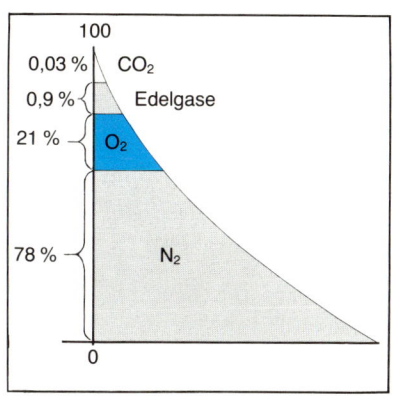

Zusammensetzung der Atemluft

Die verschiedenen Gasanteile haben für den Menschen eine unterschiedliche Bedeutung.

Sauerstoff (O_2): Es ist das für die Verbrennung im Organismus notwendige Gas und geht im Körper mit anderen Stoffen leicht chemische Verbindungen ein. Bei der Atmung werden von den angebotenen 21 % Sauerstoff nur **4 %** im Körper aufgenommen und chemisch gebunden, die verbleibenden 17 % werden bei der Ausatmung unverbraucht wieder abgegeben. Darauf beruht das Prinzip der Atemspende; diese 17 % Sauerstoff genügen, um einen Menschen am Leben zu erhalten.

Stickstoff (N_2): Er ist vornehmlich als Füllgas an der menschlichen Atmung beteiligt und hat sauerstoffverdünnende Wirkung. Seine Bedeutung beim Tauchen werden wir an späterer Stelle erkennen (siehe S. 68).

15

Kohlendioxid (CO_2): Es ist ein Oxidationsprodukt, das bei der stillen Verbrennung entsteht und beim Ausatmen an die Umgebung abgegeben wird. Im Körper liegt das Kohlendioxid gebunden an Puffersysteme vor. Tritt es in höherer Konzentration auf, so können sich gefährliche Folgen zeigen. Kohlendioxid bildet den wesentlichen chemischen Anreiz für die Atembewegung.

Edelgase: Sie zeigen ein chemisch inaktives Verhalten und sind an der Atmung nicht beteiligt. Für die Tauchtechnik gewinnen die Edelgase als Füllgase zunehmend an Bedeutung.

Druck, Masse, Gewicht

Der menschliche Körper ist unter Normalbedingungen dem Druck der Luft angepaßt und enthält ca. 1,2 l Stickstoff, in physikalisch gelöster Form. Jeder Körper hat ein **Gewicht** und eine **Masse.** Die Kraft des Gewichtes (»Gewichtskraft«) gibt an, wie auf der Erde eine Masse von 1 kg ($\hat{=}$ 1 l Wasser) auf ihre Unterlage drückt und wird in **Newton (N)** angegeben. 1 kp entspricht 9,81 N. Beim Tauchen darf eine Gewichtskraft von 1 kg Masse gleich 10 N gesetzt werden.

Als **Druck** wird das Verhältnis von senkrecht einwirkender Kraft zur Auflagefläche bezeichnet. Der Druck wird normalerweise in **N/m²** angegeben. Die bisher bekannten Druckeinheiten at, atü, atm, Torr, mWs entsprechen nicht mehr den gesetzlichen Gegebenheiten. Allgemein hat sich für die Bezeichnung des Druckes die Einheit **bar** durchgesetzt, diese entspricht dem Druck von 10 N/cm².

$$\text{Formel: Druck } (N/m^2) = \frac{\text{Kraft } (N)}{\text{Fläche } (m^2)}; \quad p = \frac{F}{A}$$

Physikalische Größen

Größe	Formelzeichen	Maßeinheit
Fläche	A	m²
Volumen	V	m³
Masse	m	kg
Dichte	ρ	kg/dm³
Druck	p	Pa (Pascal); bar
Kraft	F	N (Newton)
Temperatur absolut	T	K (Kelvin)

Merke:

■ Als Gewichtskraft einer Masse von 1 kg dürfen 10 Newton (N) gesetzt werden.

■ Die Luftmenge von 1 l entspricht 1,293 g trockener Luft bei 1 bar und 0 °C (barl, Barliter).

■ Der Luftdruck auf der Erdoberfläche beträgt 1 bar. Je höher die Lage auf der Erde, um so mehr nimmt der Druck ab. Pro 10 m Wassertiefe nimmt er um 1 bar zu.

■ Die Dichte von Wasser kann näherungsweise mit 1 kg/dm³ angegeben werden (Süßwasser bei 4 °C).

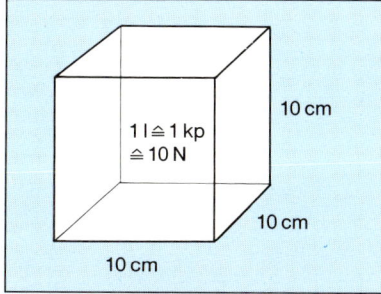

Quecksilbersäule von 760 mm die Waage (Quecksilber ist 13,6 mal schwerer als Wasser). Dieser Normaldruck wird in bar oder Hektopascal (hpa) angegeben.
Luftdruck: **1,013 bar** = 1013 hpa.
Mit zunehmender Höhe über dem Meer nimmt der Luftdruck ab; pro 100 Höhenmeter um etwa 0,01 bar.

Messung des Druckes

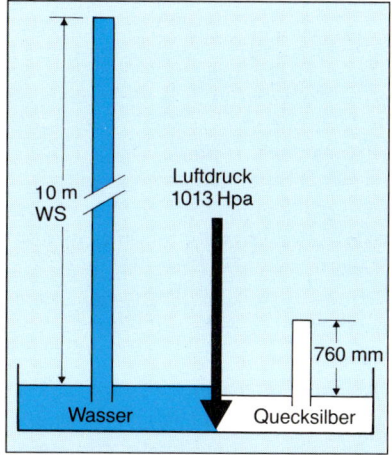

1 l Wasser entspricht einer Masse von 1 kg, ein in Wasser eingetauchter Gegenstand erfährt daher pro Liter ($\triangleq$ 1 dm^3) verdrängtem Wasser einen Auftrieb von 1 kg $\triangleq$ 10 N. Stellt man sich 1 Liter Wasser aufgestellt auf einer Grundfläche von 1 cm^2 als Säule vor, so würde diese eine Höhe von genau 1000 cm = 10 m haben. Diese Säule würde auf ihre Grundfläche von 1 cm^2 einen Druck von 10 N ausüben ($\triangleq$ 1 bar). Diese imaginäre Wassersäule stellt tatsächlich eine gebräuchliche, für die Tauchpraxis anschauliche Maßeinheit dar (Abkürzung mWS). Diese 10 m hohe Wassersäule übt also einen Druck von 10 mWS aus = 1 bar.

Der Luftdruck

Der Luftmantel, der unsere Erde umgibt, besitzt eine Gewichtskraft, die auf die Erdoberfläche drückt. Auf Meereshöhe gemessen, beträgt dieser Druck bei normalen Luftdruckverhältnissen 1013 hPa/cm^2 und hält einer Wassersäule von 10,13 m Höhe und 1 cm^2 Grundfläche, oder einer

Gewicht der Luft

Die Atemluft hat eine meßbare Masse:

1 l Luft hat eine Masse von 1,293 g bei 0 °C

Die Masse der mitgeführten Luft darf beim Austarieren unter Wasser (Ausgleich des Auftriebes durch den Bleigurt) nicht vergessen werden.

Gasverhalten unter Druck

Das Gesetz von Boyle-Mariotte

Es beschreibt die gegenseitige Abhängigkeit von Druck und Volumen eines Gases bei konstanter Temperatur. Dieses Gesetz hat für das Tauchen zentrale Bedeutung. Es besagt: das Produkt aus Druck und Volumen ist konstant.

$$p \times V = \text{konstant}$$

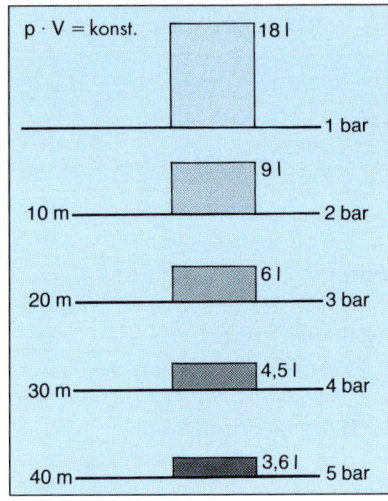

Verkleinerung des Luftvolumens bei zunehmendem Druck

Das bedeutet: wird der Druck erhöht, so nimmt das Volumen im gleichen Maß ab oder umgekehrt. Wie wir bereits wissen, hält der Luftdruck einer Wassersäule von 10 m/cm² die Waage. Daraus folgt, daß der Druck im Wasser pro 10 m ebenfalls um 1 bar zunimmt.
Wollen wir ermitteln, auf welches Volumen eine ursprünglich vorhandene Luftmenge in einer bestimmten Tiefe zusammengedrückt wurde, so gehen wir nach folgender Gleichung vor:

$$p_1 \times V_1 = p_2 \times V_2$$

Dabei bedeuten:
p_1 = Anfangsdruck
p_2 = Enddruck
V_1 = Anfangsvolumen
V_2 = Endvolumen

Das Gesetz von Boyle-Mariotte am Beispiel einer Kolbenpumpe

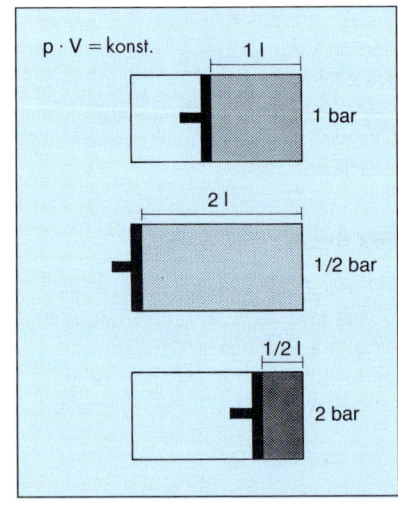

Gefragt sind meist:

oder

$$V_2 = \frac{p_1 \times V_1}{p_2}$$

$$p_2 = \frac{p_1 \times V_1}{V_2}$$

Beispiel:

Ein Ballon mit 18 l Luftinhalt wird auf 30 m Tiefe gebracht. Welches Volumen weist er dann auf?

Berechnung:

$$V_2 = \frac{p_1 \times V_1}{p_2}$$

$$V_2 = \frac{1 \text{ bar} \times 18 \text{ l}}{4 \text{ bar}} = 4{,}5 \text{ l}$$

Bei der Zusammensetzung der Luft haben wir gesehen, daß jedes Gas, das in der Luft enthalten ist, mit einem konstanten Volumenanteil beteiligt ist. Jedes dieser Gase übt innerhalb der Luft einen bestimmten Teildruck aus. Wir erkennen dies an einem weiteren Gasgesetz:

Das Gesetz von Dalton

Es besagt: Am Gesamtdruck eines Gasgemisches (z. B. Luft) sind die Einzelgase entsprechend ihrem Volumenanteil beteiligt. Die Summe der Teildrücke ergibt den Gesamtdruck.

$$P_{ges} = p_1 + p_2 + p_3 \ldots$$

Wir wissen, daß Luft einen Normaldruck (p), bezogen auf Meereshöhe, von 1 bar ausübt und aus 78 % Stickstoff, 21 % Sauerstoff usw. besteht. Somit beträgt der Stickstoffteildruck 0,78 bar (p_1), der Sauerstoffteildruck 0,21 bar (p_2) usw. Die Summe der Teildrücke (Partialdrücke) entspricht dem Gesamtdruck. Der menschliche Körper ist an der Erdoberfläche entsprechend den genannten Volumenanteilen mit Gas gesättigt. Da der Gesamtdruck bei zunehmender Wassertiefe ansteigt, steigen auch die Partialdrücke der Einatemluft beim Tauchen. In 10 m Tiefe (= 2 bar) beträgt der Sauerstoffpartialdruck 0,42 bar, in 20 m (= 3 bar) 0,63 bar usw.

Abhängigkeit des Teildrucks von der Luftzusammensetzung

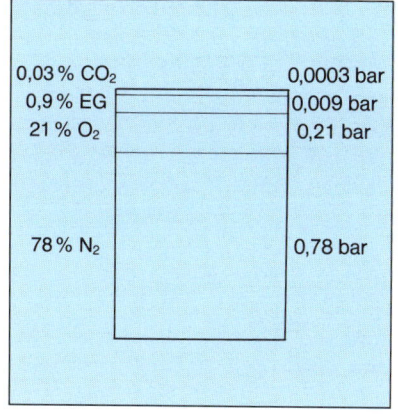

0,03 % CO_2	0,0003 bar
0,9 % EG	0,009 bar
21 % O_2	0,21 bar
78 % N_2	0,78 bar

Gase und Wärme

Alle Gase haben das Bestreben, sich auszudehnen. Die Ursache besteht darin, daß Gase aus kleinsten Teilchen, den Molekülen, bestehen. Diese bewegen sich mit einer von der jeweils herrschenden Temperatur abhängigen Geschwindigkeit im Raum und stoßen zusammen. Am absoluten Nullpunkt (– 273 °C = 0 Kelvin) sind alle Moleküle in Ruhe, das bedeutet, daß bei dieser Temperatur (T) alle Körper in festem Zustand vorliegen (also auch Gase). Je höher die Temperatur ist, desto schneller bewegen sich die Teilchen voneinander weg. Befinden sie sich in einem abgeschlossenen Raum, so stoßen die Teilchen mit erhöhter Geschwindigkeit auf die Wandungen; man mißt das als Druckerhöhung.
Pro Grad Temperaturerhöhung erhöht sich der Druck um 1/273 des ursprünglichen Drucks bzw. dehnt sich ein Gas um 1/273 des ursprünglichen Volumens aus. Die Druck- und Volumenabhängigkeit der Gase von der Temperatur (T) ist in einem weiteren Gasgesetz zusammengefaßt.

Das Gesetz von Gay-Lussac

Es besagt: Bei gleichbleibendem Volumen ändert sich der Druck der vorgegebenen Gasmenge im gleichen Maß wie die Temperatur T (Kelvin). Doppelte Kelvin-Temperatur bedeutet also doppelten Druck, halbe Kelvin-Temperatur dementsprechend halben Druck. Größere Temperaturschwankungen

können daher die Tauchzeitberechnung beeinflussen.

Maßeinheiten der Temperatur:
Absolute Temperatur (K): Zeichen T, Celsius-Temperatur (°C): Zeichen δ. Bei vorgegebenem Anfangsdruck (p_1) und Anfangstemperatur (T_1) kann der Enddruck (p_2) oder die Endtemperatur (T_2) berechnet werden, wenn noch einer dieser beiden Werte bekannt ist.

$$\text{Formel: } \frac{p_1}{T_1} = \frac{p_2}{T_2}$$

Beispiele:
a) Welcher Kelvin-Temperatur T entsprechen 20 °C?

Lösung:
T (Kelvin) = δ + 273,
T = 20 + 273 = 293 K

b) Eine mit 200 bar gefüllte Preßluftflasche wird von 0 °C auf 20 °C erwärmt. Auf wieviel erhöht sich der Druck?

Lösung:
$$\frac{p_1}{T_1} = \frac{p_2}{T_2};$$
$T_1 = 273$ K, $T_2 = 293$ K,
$p_1 = 200$ bar
$$\frac{200 \text{ bar}}{273 \text{ K}} = \frac{p_2}{293 \text{ K}};$$
$$p_2 = \frac{200 \text{ bar} \times 293 \text{ K}}{273 \text{ K}};$$
$p_2 \approx 215$ bar

Gase haben das Bestreben, sich unter Druck in Flüssigkeiten zu lösen. Nur so ist es möglich, daß unser Körper entsprechend dem umgebenden Druck mit Luft gesättigt ist. Das Bestreben von Gasen, in Lösung zu gehen, ist abhängig von der Temperatur und dem Druck der Gase. Je tiefer die Temperatur der Flüssigkeit ist, desto größer ist das Lösungsbestreben der Gase; je höher die Temperatur, desto leichter perlen Gase aus. Die Abhängigkeit von Druck und Löslichkeit eines Gases beschreibt ein weiteres Gasgesetz.

Das Gesetz von Henry

Es besagt: Bei gegebener Temperatur steht die in Flüssigkeiten gelöste Gasmenge in direktem Verhältnis zum Teildruck des Gases. Je höher also der Partialdruck des Gases ist, um so mehr Gas geht in Lösung. Am Beispiel der Caisson-Krankheit wird dieses Gesetz noch dargestellt (siehe S. 68).

Eigenschaften des Wassers

Unsere Erde hat eine Oberfläche von ca. 510 Mill. km^2, von denen alleine 362 Mill. km^2 (rd. 71 %) mit Wasser bedeckt sind. Nach Millionen von Jahren hat sich das Leben unter und über Wasser so entwickelt, wie wir es heute vorfinden. Selbst wir Menschen bestehen zu 60 bis 70 % aus Wasser. Die chemische Zusammensetzung unseres Blutplasmas an Natrium, Kalium und Kalzium ist im Mengenverhältnis mit dem des Meerwassers weitgehend identisch.

Physikalisch-chemische Eigenschaften des Wassers

Unter »Wasser« versteht man in chemischer Hinsicht die flüssige Form der Verbindung von H_2O. Es besteht also aus 2 Teilen Wasserstoff (H) und 1 Teil Sauerstoff (O). Hinsichtlich verschiedener physikalischer Eigenschaften zeigt es gegenüber anderen Flüssigkeiten eine starke Abweichung. Gerade diese Abweichung erhält unter anderem jedoch das biologische Gleichgewicht der Erde. Jede »normale« Flüssigkeit wird bei abnehmender Temperatur immer dichter. Anders dagegen ist es beim Wasser; dieses erreicht seine größte Dichte bereits bei + 4 °C, bei weiterer Abkühlung wird es leichter und dehnt sich dabei wieder geringfügig aus. Daraus folgt, daß das bei 0 °C zu Eis erstarrte Wasser an der Oberfläche schwimmt. Sofern ein unbewegtes Gewässer genügend tief ist, wird sich in diesem stets eine Grundwasserschicht von + 4 °C finden, da diese am dichtesten ist. Die übrigen hier interessierenden Eigenschaften des Wassers entsprechen denen aller anderen Flüssigkeiten. Flüssigkeiten haben keine bestimmte Form, jedoch im Gegensatz zu Gasen ein bestimmtes Volumen. Flüssigkeiten sind nicht kompressibel, d. h. sie verändern unter Druckeinwirkung ihr Volumen nicht bzw. nur unwesentlich unter sehr hohen Drücken.

21

Druck pflanzt sich in Flüssigkeiten gleichmäßig nach allen Seiten fort. Wasser besitzt schließlich ein großes Lösungsvermögen für Säuren, Alkalien, Salze und andere Stoffe.

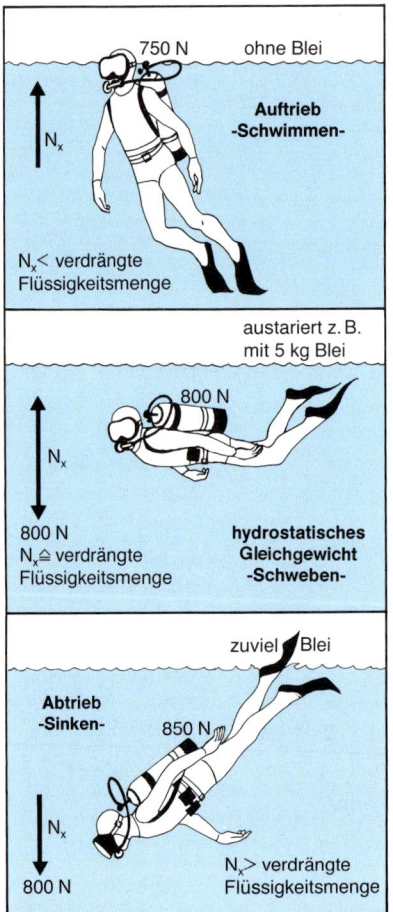

Das Archimedische Prinzip

Ein in Flüssigkeit getauchter Gegenstand verliert so viel Gewichtskraft (N), wie die verdrängte Flüssigkeitsmenge wiegt. Je nach verdrängter Flüssigkeitsmenge kommt es zum **Auftrieb,** hydrostatischen **Gleichgewicht** oder **Abtrieb.**

Beispiel:
Ein Taucher mit 75 kg Masse = 750 N Gewichtskraft schwimmt, schwebt oder sinkt (siehe Grafik links).

Rechnerisch läßt sich das Archimedische Prinzip leicht nachprüfen, wenn das Volumen eines eingetauchten Körpers berechnet wird:

$$\text{Volumen (dm}^3) = \frac{\text{Masse (kg)}}{\text{Dichte (kg/dm}^3)}$$

Beispiel:
Ein 10-Liter-Tauchgerät aus Stahl weist eine Masse von 15 kg auf. Die Dichte von Stahl beträgt 7,8 kg/dm³. Das Gerät ist gefüllt mit 200 bar. Dies entspricht 2000 barl bzw. 2,6 kg.

a) Geräteabtrieb im Wasser:

Gewichtskraft des Gerätes	150 N
Gewichtskraft der Luft	26 N
Gesamtabtrieb	176 N

b) Volumen des Gerätes:

$$\frac{15 \text{ kg}}{7,8 \text{ kg/dm}^3} = \quad 1,9 \text{ dm}^3$$

+ Hohlraum des Gerätes (Inhalt)	10,0 dm³
Gesamtvolumen	11,9 dm³

c) Verbleibende Gewichtskraft:

Gesamtabtrieb	176 N
– Gesamtauftrieb von	
11,9 dm^3	119 N
	57 N

Es resultiert somit ein Abtrieb von 57 N; um hydrostatisches Gleichgewicht herzustellen, müssen in die Tarierweste 5,7 l Luft ($\triangleq$ 57 N Auftrieb) eingebracht werden.

Die Nutzanwendung für den Taucher besteht darin, daß er stets danach trachten soll, sein Gesamtgewicht mit Ausrüstung so auszutarieren, daß er im Wasser einen Schwebezustand erreicht. Wenn mit Naßtauchanzug getaucht wird, spielt auch die Tauchtiefe bei der Wahl der Zusatzgewichte eine nicht zu übersehende Rolle.

Schnorcheln –
»Archimedisches
Prinzip«

Richtig
austariert

23

Die wärmeisolierenden Lufteinschlüsse in den Poren dieser Anzüge werden entsprechend der aufgesuchten Tauchtiefe komprimiert (Boyle-Mariottesches Gesetz). Bei gleichbleibender Masse wird das Volumen des Anzuges immer stärker verringert, er wird spezifisch schwerer.

Ein Taucher, der seine Masse so austariert hat, daß er im Flachwasser schwebt, wird beim Tauchen in größerer Tiefe beträchtliche Anstrengung darauf verwenden müssen, sich vor dem Absinken zu bewahren. Wird jedoch eine Tarierweste verwendet, läßt sich durch dosierte Luftzufuhr oder durch ebenso dosiertes Ablassen von Luft in jeder Tiefe mühelos ein hydrostatisches Gleichgewicht erzielen.

Temperatur

Die Seen unserer Breitengrade weisen in tieferen Schichten meist eine erheblich von der Oberflächenschicht abweichende Temperatur auf.
Der jahreszeitliche Wechsel der Temperaturverhältnisse verläuft im allgemeinen so: Im Winter verhindert eine Eisdecke die Einwirkung des Windes und die damit verbundene Durchmischung des Wassers. Dicht unter der Eisdecke befindet sich eine Wasserschicht von annähernd 0 °C. Schon nach wenigen Metern steigt die Temperatur auf + 4 °C an, die konstant bis zum Grund erhalten bleibt. Die Grenze zwischen zwei Wasserschichten verschiedener Temperatur wird als Sprungschicht bezeichnet. Während

Winterstagnation	Frühjahr-Vollzirkulation	Sommerstagnation	Herbst-Vollzirkulation
See −10°C Eisdecke	Wind +16°C Sonne	Sonne +30°C	Wind +8°C
0 m + 1°C	+2°C +3°C	+18°C	+10°C +3°C
5 m +1,5°C	+3°C +4°C	+12°C	+8°C +4°C
10 m +2°C	+4°C +4°C	Oberflächen-Schicht γ leichter	+6°C +4°C
Sprungschicht		+8°C	+8°C
20 m			
40 m +4°C	+4°C	+6°C	+6°C +4°C
60 m		Tiefenschicht +4°C	+4°C
Sprungschichten werden durch 2 Wasserschichten mit recht verschiedenen Dichten verursacht.	Die Frühjahrs-Vollzirkulation beginnt.	Oberflächenschicht spez. Gewicht (γ) leichter Tiefenschicht spez. Gewicht schwerer, Sprungschicht in größerer Tiefe.	Die Sprungschicht kommt wieder mehr nach oben.

der oben beschriebenen Winterstagnation liegt sie ziemlich weit oben und ist kaum ausgeprägt. Nach der Eisschmelze erwärmt sich das Wasser durch die Sonneneinstrahlung wieder. Sobald die Temperatur der bisher kälteren Oberflächenschicht der Temperatur der Tiefenschicht und somit auch die Dichte beider Schichten angeglichen ist, kann der Wind die gesamte Wassermenge leicht durchmischen. Dieser Vorgang wird als Frühjahrszirkulation bezeichnet.

Während des Sommers wird die Oberflächenschicht weiter erwärmt, sie wird dadurch leichter als die Tiefenschicht. Die Oberflächenschicht wird mit dem kälteren Wasser durchmischt und wieder erwärmt. Trotz des langsamen Vordringens der wärmeren Oberflächenschicht in tiefere Schichten wird eine völlige Durchmischung durch die Sprungschicht verhindert. Man findet deshalb während dieses Vorganges stets, sofern das Wasser genügend tief ist, eine Grundtemperatur von + 4 °C vor (Sommerstagnation). Im Herbst kühlt sich die Oberflächenschicht wieder ab, bis sie hinsichtlich Temperatur und Dichte der Tiefenschicht angeglichen ist. Nun ist wieder eine starke Durchmischung – die Herbstvollzirkulation – durch den Wind möglich.

Wärmeleitfähigkeit

Die Wärmeleitfähigkeit des Wassers ist rund 25mal größer als die der Luft. Dadurch wird dem ungeschützten menschlichen Körper in starkem

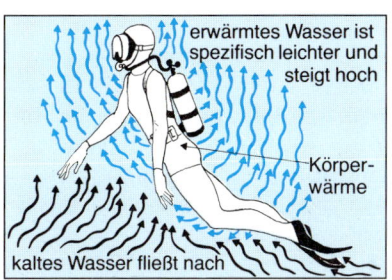

erwärmtes Wasser ist spezifisch leichter und steigt hoch

Körperwärme

kaltes Wasser fließt nach

Maße Wärme entzogen. Der Wärmeverlust beträgt aber nur 3–4mal soviel, da durch gedrosselte Durchblutung der Wärmeverlust begrenzt wird. Zwar erwärmt der Körper die ihn unmittelbar umgebende Wasserschicht, wodurch das Temperaturgefälle etwas verringert wird. Mit der Erwärmung ist jedoch gleichzeitig eine Verringerung der Dichte des Wassers verbunden, es steigt nach oben. Gleichzeitig fließt kälteres Wasser nach, das dem Körper erneut Wärme entzieht. Durch die ständige Zirkulation tritt, abhängig vom jeweiligen Temperaturgefälle, in mehr oder weniger kurzer Zeit eine Unterkühlung des Organismus ein, die bei Bewegung verstärkt wird.

Um dieser Gefahr zu begegnen, wurden Kälteschutzanzüge verschiedener Systeme geschaffen (Trockentauchanzug, Naßtauchanzug). Bei den gebräuchlichsten Tauchanzügen wird der Wärmeverlust des Körpers weitgehend verhindert. Die den Körper unmittelbar umgebende, hier als Grenzschicht bezeichnete Wasserschicht wird durch den Naßtauchanzug isoliert. Die beschriebene ständige Zirkulation des Wassers wird

dadurch unterbunden. Die Grenzschicht wird erwärmt und wirkt als
isolierende Schicht gegenüber den
umgebenden kälteren Wassermassen.
Wesentlich unterstützt wird diese Wirkung noch durch die zellkautschukar-
tige Struktur der Tauchanzüge. Die
Lufteinschlüsse dieser Anzüge besitzen durch ihre geringe Wärmeleitfähigkeit ebenfalls eine stark isolierende Wirkung, diese geht jedoch mit
zunehmender Tiefe verloren, da das
Anzugvolumen entsprechend dem
Boyle-Mariott'schen Gesetz komprimiert wird.

Sehen und Hören unter Wasser

Das menschliche Auge ist für das Sehen unter Wasser nicht geschaffen;
deshalb ist ohne Hilfsmittel beim Tauchen keine verzerrungsfreie und klare
Sicht möglich. Die Ursache hierfür
liegt darin, daß der Brechungsindex
des Auges für den Übergang der
Lichtstrahlen aus der Luft und nicht aus
dem Wasser konstruiert ist. Durch die
Planscheibe jeder Tauchbrille wird
diese Verzerrung der Sicht annähernd
korrigiert.
Das Erkennen von Gegenständen erfolgt nicht in natürlicher Größe; unter
Wasser erscheinen alle Gegenstände
um ca. $1/3$ **größer und** $1/4$ **näher.** Das
hängt mit der Brechungszahl (n) des
Wassers zusammen (n = 1,33); im
Wasser werden die Lichtstrahlen stärker gebrochen als in der Luft.
Die Sicht unter Wasser wird außer
den erwähnten Gegebenheiten unseres Auges auch noch von den jeweili-

gen Eigenschaften des Gewässers beeinflußt.
Die Durchsichtigkeit, vor allem unserer heimischen Gewässer, wird häufig
durch die darin schwebenden Mikro-
organismen und Verunreinigungen
stark beeinträchtigt. Von wesentlicher
Bedeutung ist auch die Stärke der
Sonnenstrahlung über dem Wasser
und der Einfallwinkel des Lichtes sowie die Beschaffenheit des Grundes
(heller Grund reflektiert die Lichtstrahlen, dunkler Grund absorbiert das
Licht). Das Wasser selbst absorbiert
ebenfalls einen Teil des einfallenden
Lichtes. Bei zunehmender Tiefe werden die Lichtverhältnisse immer un-
günstiger. Die Absorbtion des Lichtes
durch das Wasser wird in starkem
Maße von den im Wasser enthaltenen
Trübstoffen beeinflußt.
Interessant ist in diesem Zusammen-

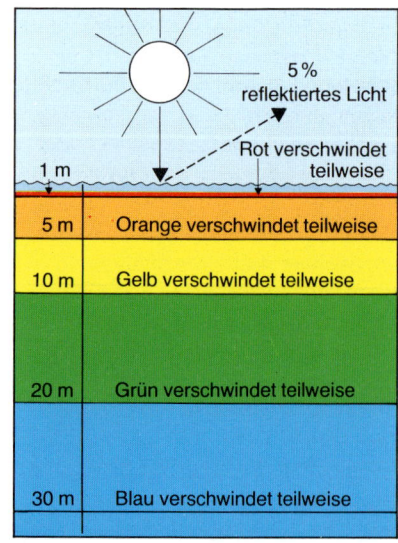

hang jedoch, daß die einzelnen Spektralfarben des Sonnenlichts nicht gleichmäßig absorbiert werden. Rot verliert am meisten an Intensität, wogegen Blau auch noch in größere Tiefen eindringt. Deshalb ist der Taucher bei zunehmender Wassertiefe nicht mehr in der Lage, die tatsächliche Farbe der Gegenstände zu bestimmen.
Werden jedoch die Gegenstände im Nahbereich mit einer Unterwasserlampe angeleuchtet, kann man die natürlichen Farben des Objektes wiedererkennen. Viele Korallenfische benützen z. B. die leuchtend rote Farbe als Tarnfarbe, denn die Rotstrahlen des Spektrums werden schon ab ca. 1 m Tiefe zunehmend herausgefiltert.

Das Hör- und Sprechvermögen unter Wasser ist beeinflußt durch die größere Schallgeschwindigkeit im Wasser (ca. 4mal so schnell wie in der Luft). Töne, die unter Wasser entstehen, führen zu dem Eindruck, daß die Entstehungsquelle näher ist, als es tatsächlich der Fall ist.
Die Richtung einer Geräuschquelle kann praktisch nicht festgestellt werden, weil das Gehör die Richtung aus dem kleinen Zeitunterschied mißt, mit dem der Schall am schallzu- bzw. -abgewandten Ohr ankommt. Dieses differente Auftreffen ist in Luft wahrnehmbar (Schallgeschwindigkeit ca. 330 m/s), unter Wasser bei 4fach schnellerer Schalleitung nicht mehr.

Im Flachwasser
ohne Blitz –
starke Licht-
absorption

In ca. 35 m Tiefe
mit Blitz

Testfragen

1. Aus welchen Bestandteilen setzt sich die Atemluft zusammen?
2. Welche Beziehung besteht zwischen Gewicht, Druck und Masse?
3. Welche Druckeinheiten sind heute gebräuchlich?
4. Wieviel kg Luft enthält ein 20-l-Gerät, gefüllt mit 150 bar?
5. Formuliere das Gesetz von Boyle-Mariotte.
6. Ein aufgeblasener Luftballon mit einem Volumen von 6 Liter wird auf 20 m Tiefe gebracht. Welches Volumen hat er hier?
7. Was versteht man unter Partialdruck?
8. Welche Beziehung besteht zwischen Temperatur und Druck eines Gases?
9. Welcher Stickstoffpartialdruck herrscht in der Einatemluft in 20 m Tiefe?
10. Wovon ist die Löslichkeit eines Gases in Flüssigkeiten abhängig?
11. Bei welcher Temperatur hat Wasser seine größte Dichte?
12. Wie wirkt sich Druck in Flüssigkeiten aus?
13. Was besagt das Archimedische Prinzip?
14. Wie kann man beim Aufsuchen größerer Tauchtiefen das Absinken vermeiden?
15. Was versteht man unter Sprungschicht und wie entsteht sie?
16. Warum ist der Wärmeverlust im Wasser so hoch und wie entsteht er?
17. Wie erscheinen alle Gegenstände unter Wasser?
18. Was versteht man unter Lichtabsorption?
19. Kann austretendes Blut in größerer Tiefe in einer anderen Farbe als Rot erscheinen?
20. Was versteht man unter »barl«?

Ausrüstung

Ihre persönliche Tauchausrüstung einschließlich Leihgeräten muß bestimmten Anforderungen genügen (DIN-Norm bzw. EN 250). Regelmäßige Pflege und Wartung dienen Ihrer Sicherheit und schonen letztendlich den Geldbeutel.

Grundausrüstung

Sie besteht aus Flossen, Tauchbrille und Schnorchel und wird als ABC-Ausrüstung bezeichnet.

Schwimmflossen

Es gibt Flossen mit offenem und geschlossenem Fersenteil. Flossen mit geschlossenem Fersenteil (Schuhflosse) und meist offenem Zehenteil werden vorwiegend im wärmeren Wasser getragen, während Flossen mit offenem Fersenteil (Fersenbandflosse) ein verstellbares Gummiband aufweisen, damit sie mit Füßlingen auch in

sehr kaltem Wasser benutzt werden können.

Flossen gleichen in ihrer Wirkungsweise der Schwanzflosse eines Fisches: Durch den Beinschlag entsteht an einer Flossenseite eine Stauzone, gegenüberliegend eine Unterdruckzone. Der so entstehende Druckwirbel bewirkt den gewünschten Vortrieb (siehe S. 83).

Wesentliche Konstruktionsmerkmale:

- Flossen mit offenem Fersenteil sind meist etwas breiter und härter als solche mit geschlossener Ferse.
- Beide weisen seitliche Längsrippen auf, die der Versteifung dienen, damit das Flossenblatt dem Wasserwiderstand nicht zu sehr nachgibt.
- Durch Beimischung von Graphit kann die Elastizität des Blattes stark variiert werden.
- Kunststoffflossen ersetzen immer mehr die bisherigen Gummiflossen. Sie werden jetzt auch in aktuellen Modefarben hergestellt.

Bei der Wahl der Flossen dienen die folgenden Punkte als Entscheidungshilfe:

Fersenbandflosse

Schuhflosse

- Freitaucher und Anfänger tauchen meist im Schwimmbad oder im warmen Freiwasser, es empfehlen sich Flossen mit geschlossenem Fersenteil.
- Die Härte des Flossenblattes wie auch die Länge sollten dem persönlichen Leistungsvermögen angepaßt sein; zu lange oder zu harte Flossen führen schnell zu einer Überbeanspruchung der Fußgelenke und begünstigen das Auftreten eines Wadenkrampfes.
- Flossen für den Wettkampfgebrauch sind noch länger, schmäler und glasfaserverstärkt, der auftretende Peitscheneffekt beschleunigt den Vortrieb.
- Bei der Anprobe der Flossen muß die Paßform bei Flossen mit geschlossenem Fersenteil ohne Socken gefunden werden, sie entspricht etwa der Schuhgröße. Flos-

sen mit offenem Fersenteil müssen mit Füßlingen anprobiert werden.
- Flossen mit Kunststoffblatt und Gummifersenteil sind wesentlich leichter als Gummiflossen (Fluggepäck!) und haltbarer.

Tauchbrille

Bei den Tauchbrillen unterscheidet man Voll- und Halbgesichtsbrillen. Vollgesichtsbrillen werden überwiegend von Feuerwehr-, Polizei-, Militär- und Berufstauchern verwendet. Bei ihnen ist der Lungenautomat in die Brille integriert. Aus verschiedenen Gründen finden diese Brillen bei den Sporttauchern keine Anwendung. Als Sporttaucher taucht man mit einer Halbgesichtsbrille. Diese besteht aus einem bruchfesten Glas, einer Gummi- oder Silikonmanschette, die Stirn, Augen und Nase einschließt, und ei-

Moderne Tauchbrillen

nem Gummiband, das knapp oberhalb der Ohren über den Kopf ge-
stülpt wird.

Wesentliche Kriterien beim Brillen-
kauf:

- Thermisch entspanntes Glas (Tem-
  pert-Glas), keine Plastikscheiben.
- Für Brillenträger gibt es Tauchbrillen, in die optische Gläser einge-
  setzt werden.
- Die Manschette soll einen doppel-
  ten Dichtrand aufweisen, damit die
  Brille gut abdichtet.
- Am Unterrand der Brille muß ein
  Nasenerker eingearbeitet sein, da-
  mit Sie bequem, auch mit Hand-
  schuhen, den Druckausgleich
  durchführen können.
- Keinesfalls darf in die Brille ein
  Schnorchel mit eingearbeitet sein.
- Das Brillenband soll am Hinterkopf
  geteilt sein, dies ermöglicht einen
  guten Sitz. Das Band soll auch mit
  Handschuhen verstellbar sein!
- Zunehmend wird als Brillenkörper
  Silikon verwendet, da es wider-
  standsfähiger ist (Sonnenstrahlung,
  Sonnenschutzmittel) und eine längere Lebensdauer aufweist.
- Beim Kauf der Brille sollte man
  eine Dichtigkeitsprüfung vorneh-
  men. Ohne die Bänderung über
  den Kopf zu ziehen, wird die Brille
  am Gesicht angedrückt. Dadurch
  entsteht ein leichter Unterdruck und
  die Brille haftet einige Sekunden
  am Gesicht, wenn keine Luft durch
  eine undichte Stelle eindringt. Dabei sollte das Gesicht fettfrei und
  keine Haare im Brillenbereich sein.

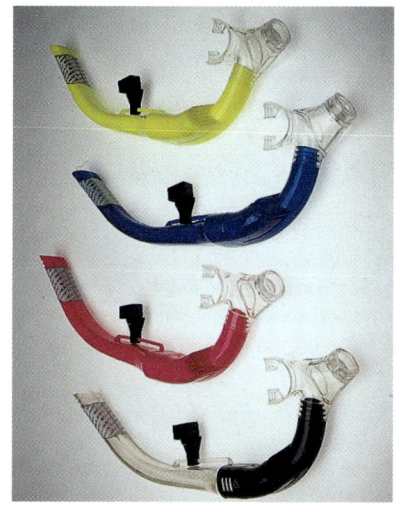

Verschiedene
Schnorchel

Schnorchel

Gleichgültig, ob Sie mit Gerät oder
nur mit ABC-Ausrüstung tauchen, ein
Schnorchel muß immer mitgeführt
werden. Er soll aus einem festen, starren Rohr von höchstens 35 cm Länge
bestehen. Zwischen Mundstück und
Schnorchelrohr besteht ein Winkel
von etwa 90°. Das hier angebrachte
halbrunde oder U-förmige Mundstück
weist einen Ansatz auf, der zwischen
Zahnreihe und Lippen fest umschlossen wird.
Am Mundstück sollen zwei kräftige
Beißwarzen vorhanden sein, damit
der Schnorchel mit den Zähnen festgehalten werden kann. Der Oberrand ist
mit einem fluoreszierenden, orangen,
etwa 3 cm breiten Farbstreifen versehen, um den Schnorchler weithin sichtbar zu machen. Neuerdings gibt es
auch Schnorchel mit 2 Auslaßventilen.

31

Tauchgeräte

Bei Tauchgeräten lassen sich verschiedene Typen unterscheiden:

Schwere Helmtauchgeräte

Sie werden für spezielle Aufgaben im Bereich des Militärs und von gewerblichen Bergungsunternehmen verwendet. Die Luftzufuhr erfolgt über einen Atemschlauch von der Oberfläche.

Kreislauf- oder Regenerationsgeräte

Bei diesen Geräten wird die verbrauchte Ausatemluft in einem geschlossenen System über Kalkpatronen gereinigt und über eine mitgeführte Sauerstoffflasche mit Sauerstoff wieder angereichert. Sie haben, da sie mit reinem Sauerstoff betrieben werden, nur eine geringe Einsatztiefe, eignen sich jedoch gut für militärische Zwecke, da keine Luftblasen entweichen und aufsteigen.

Mischgasgeräte

Sie arbeiten mit einem wechselnden Atemluftgemisch, bei dem der Stickstoff durch Wasserstoff oder Helium ersetzt wird (Heliox oder Trimix). Der Sauerstoff kann dabei entweder in einem festen oder veränderbaren Mischungsverhältnis zugesetzt werden. Anwendungsbereich dieser Geräte sind Tiefen ab 40 m beim sog. »technical diving« und bei »Offshore«-Arbeiten.

Preßlufttauchgeräte

In ihnen wird Atemluft normaler Zusammensetzung, unter hohem Druck komprimiert, in Stahl- oder Aluminiumbehältern mitgeführt. Neben Preßlufttauchgeräten kommen zunehmend auch sogenannte »Nitroxtauchgeräte« zur Anwendung (siehe S. 116). Alugeräte kommen hauptsächlich an Meerestauchbasen zum Einsatz, weil sie weniger korrosionsanfällig sind. Stahlgeräte haben einen geringeren Auftrieb und erfordern deshalb weniger Bleigewichte zum Ausgleich des Auftriebs.
Tauchgeräte unterliegen strengen technischen Vorschriften der Druckgasverordnung, die allerdings in verschiedenen Ländern stark von unseren hohen Ansprüchen abweichen. In Deutschland beträgt der Fülldruck normalerweise 200 bar. Diese komprimierte Luft kann nicht unmittelbar geatmet werden, daher muß der Flaschendruck über ein lungenautomatisches Ventilsystem auf den jeweiligen Umgebungsdruck reduziert werden.
Es gibt Flaschen verschiedener Größen, wobei die gebräuchlichsten Geräte ein Volumen zwischen 7 und 15 l aufweisen. Standardausrüstung ist anfänglich meist ein 10-l-Gerät. Die Flaschen werden an einer Trageschale mit Bänderung oder am Jacket befestigt und auf dem Rücken getragen, wobei das Ventil nach oben zeigt. An jeder Gerätebänderung sind zwei verstellbare Schultergurte vorhanden, die so eingestellt

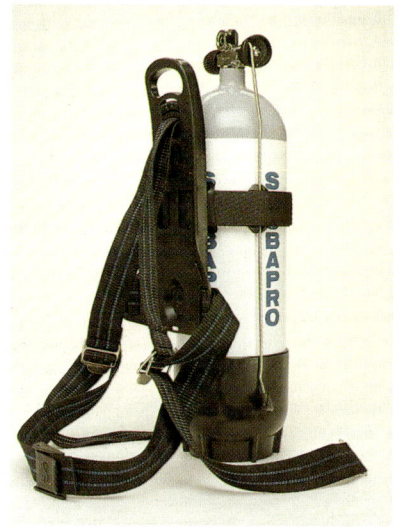 

Links:
10-Liter-Mono-gerät

Rechts:
10-Liter-Gerät sowie 2 × 10-Liter-Gerät mit Ventil-kombination

werden, daß der Hochdruckanschluß-teil des Automaten in der Nacken-beuge zu liegen kommt. Zur Stabili-sierung nach den Seiten dient ein Bauchgurt, der straff am Körper an-liegt. Alle am Gerät und am Bleigurt verwendeten Schließen müssen für ei-nen Schnellabwurf geeignet sein und im Gefahrenfall mit einem Handgriff geöffnet werden können. Als beque-me Variante der Gerätebänderung gibt es die sog. »Stabilizing-Jackets«, welche die Eigenschaften der Tra-geschale mit denen der Tarierweste vereinen (siehe S. 47).

Einzelne Tauchflaschen können über das ausbaufähige Ventilsystem zu Doppelflaschenpaketen erweitert wer-den.

Dies hat zwei wesentliche Vorteile: Der Luftvorrat und damit die Tauchzeit werden entsprechend größer, und es ist eine Sicherheitsreserve vorhanden, die unter Umständen lebenswichtig sein kann. Die Doppelventilkombina-tionen haben gegenüber der Verbin-dungsbrücke folgende Vorteile:

- Zwei getrennt absperrbare Auto-matenanschlüsse (Anschluß eines Reserveautomaten möglich).
- DIN- und INT-Anschluß in einem, ohne daß noch ein herkömmlicher Adapter erforderlich ist.

Der Luftvorrat eines Tauchgerätes wird dadurch ermittelt, daß das Flaschen-volumen mit dem Flaschendruck multi-pliziert wird.

Beispiel:
Wieviel Luft enthält ein 2 × 10-l-Gerät bei einem Druck von 200 bar?

$$2 \times 10\,l = 20\,l \times 200\,bar = 4000\,bar\,l.$$

33

Von dem so ermittelten Luftvorrat wird aus Sicherheitsgründen immer die Reserveluft abgezogen, die im Normalfall ca. 40 bar bzw. $^1/_5$ des Fülldruckes beträgt.

Die bisher üblichen Reserveschaltungen gehören durch die Kopplung des Tauchgerätes mit einem Druckmesser (Finimeter) zunehmend der Vergangenheit an. Wo noch Reserveschaltungen im Einsatz sind, schließen diese mit einem Federdruck von ca. 400 N (= $^1/_5$ des Fülldrucks) gegen den Flascheninnendruck bei etwa 40 bar die Luftzufuhr zunehmend ab. Über eine Zugstange kann die Reserve geöffnet werden und gibt die Restluft frei. Das Betätigen der Reserve signalisiert den Zeitpunkt zum Auftauchen, ebenso wenn das Finimeter diesen Restdruck anzeigt.

Aufbau des Flaschenventils

Bei Flaschenventilen gibt es zwei verschiedene Prinzipien des Automatenanschlußteils: der in Deutschland verwendete Handradanschluß (nach DIN) und der im Ausland gebräuchlichere Bügelanschluß (INT). Zum jeweiligen Flaschenventil ist der entsprechende Automatenanschluß erforderlich, doch können beide Systeme auch über Zwischenstücke (Adapter) miteinander gekoppelt werden. Die in Deutschland vorgeschriebenen Flaschenventile mit G $^5/_8$ Zoll Innengewinde ermöglichen den Einsatz eines Innenadapters, der mit Hilfe eines Inbusschlüssels eingepaßt wird. Damit erübrigen sich weitere Adapter.

Das Flaschenventil stellt die Verbindung zwischen Preßluftflasche und Atemregler dar. Das Filter- oder Steigrohr verhindert in Kopftieflage des Tauchers Eindringen von Fremdpartikeln in die erste Stufe des Atemreglers.

Schnittzeichnung Flaschenventil

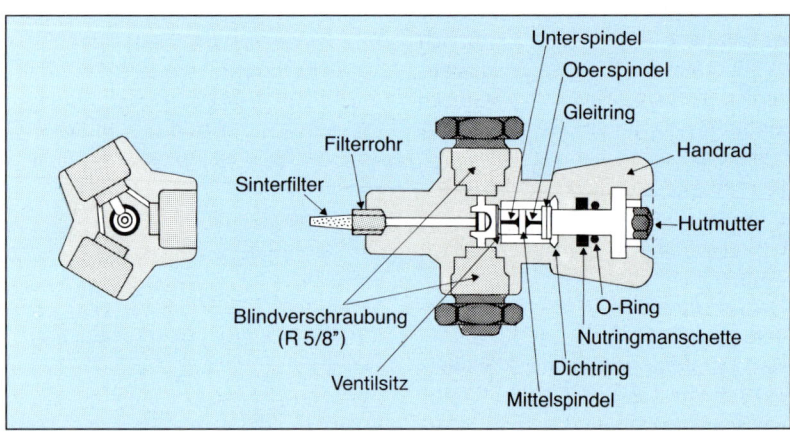

Unterspindel
Oberspindel
Gleitring
Filterrohr
Handrad
Sinterfilter
Hutmutter
Blindverschraubung (R 5/8")
O-Ring
Nutringmanschette
Ventilsitz
Dichtring
Mittelspindel

Gebräuchliche Adapter

Adapter für den Bügelanschluß

Das Flaschenventil wird durch Handdrehung nach links ganz geöffnet, dann eine Umdrehung zurückgedreht. Damit ist auch bei sinkendem Flaschendruck unter 40 bis 50 bar ein vollständiger Luftdurchfluß gewährleistet. Die neu entwickelten Kugelventile erlauben nur zwei Stellungen: auf oder zu.

Grundsätzlich darf niemals ein Tauchgerät mit geöffnetem Flaschenventil unter Wasser gehalten werden, weil sonst Wasser in die Flasche eindringt und gefährliche Korrosionserscheinungen auftreten können. Außerdem kann es durch das in die Flasche eingedrungene Wasser beim Gebrauch des Gerätes zur Vereisung des Atemreglers kommen, weil sich das austretende Wasser bei Durchströmung des Atemreglers stark abkühlt und die Hochdruckdüse mit Eiskristallen verschließt.

Flaschenventile sind nur von Hand zu bedienen, sie lassen sich auch bei Höchstfülldruck von Hand leicht betätigen; beim Schließen braucht keine Kraft aufgewendet zu werden, um das Ventil abzudichten. Schließt ein Ventil nicht mehr dicht oder tritt

über eine Spindel Luft aus, muß das Gerät in einer autorisierten Werkstätte überprüft werden.

Nach Beendigung eines Tauchganges kann der Automat nur abgeschraubt werden, wenn die Flasche geschlossen ist und der Automat druckentlastet wurde.

Der Druck kann entweder durch Saugen am Mundstück des Automaten oder durch Fingerdruck auf die Luftdusche entlastet werden.

Atemregler

Der Atemregler hat die Aufgabe, den Flaschendruck auf den in der jeweiligen Tiefe herrschenden Umgebungsdruck automatisch zu reduzieren und dem Taucher Luft ohne Beeinträchtigung der Atmung zuzuführen. Dabei wird der Druck in zwei Reduzierstufen dem Umgebungsdruck angepaßt.

Der Automat muß mindestens 300 l pro Minute Luftlieferleistung aufweisen, auch wenn der Druck der Flasche schon stark gefallen ist. Zusätzlich muß der Automat den in der Flasche herrschenden Druck auf den jeweils umgebenden Wasserdruck reduzieren.

Dies geschieht in zwei Stufen: Der Druckminderer (1. Stufe) reduziert den Flaschendruck auf einen konstanten Mitteldruck (7 bis 13 bar). Über einen Mitteldruckschlauch, der auf 40 bis 50 bar ausgelegt ist, strömt die Luft an das atemgesteuerte Mundstück (2. Stufe).

35

Ausrüstung

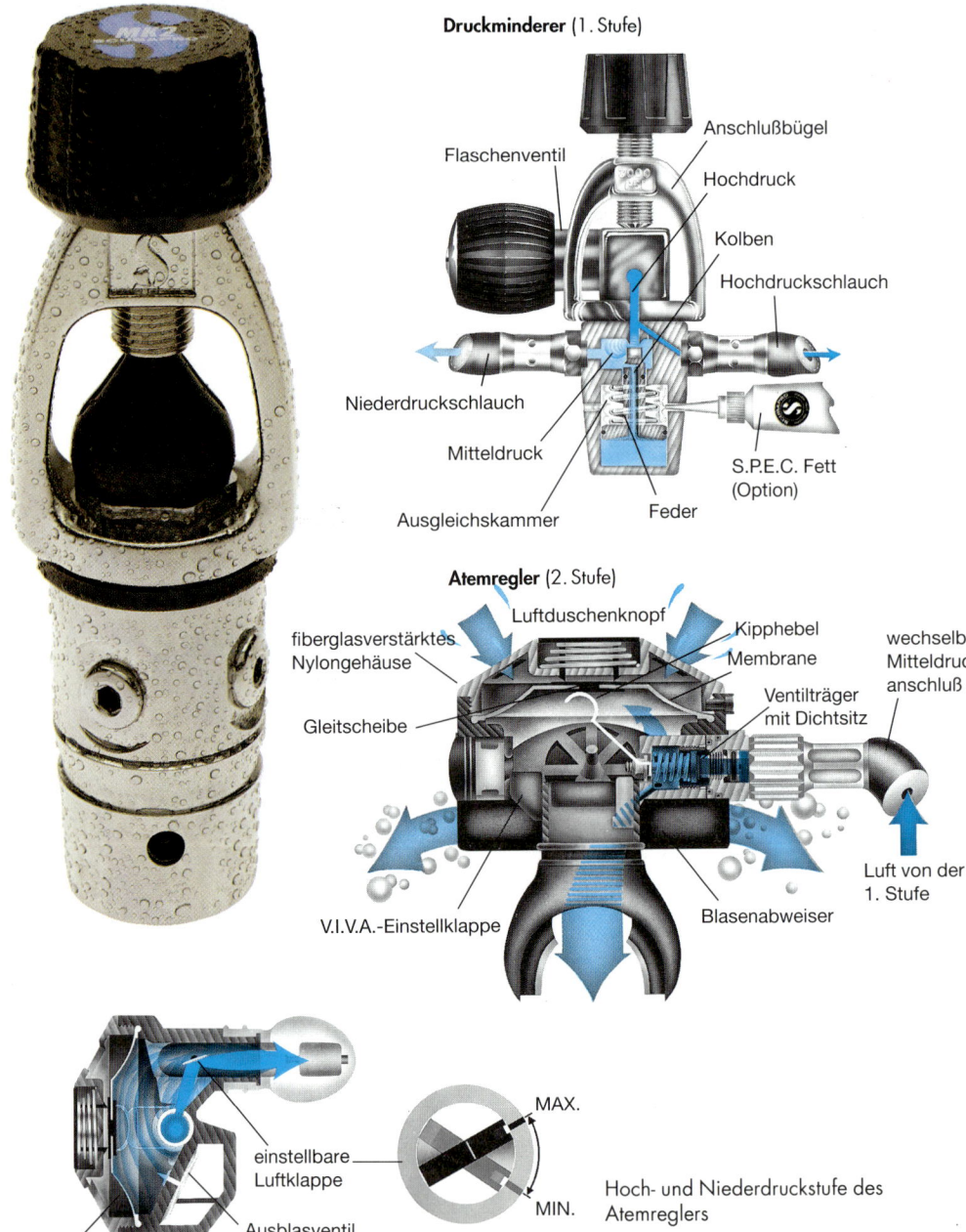

Druckminderer (1. Stufe)

Flaschenventil

Anschlußbügel

Hochdruck

Kolben

Hochdruckschlauch

Niederdruckschlauch

Mitteldruck

S.P.E.C. Fett (Option)

Ausgleichskammer

Feder

Atemregler (2. Stufe)

Luftduschenknopf

fiberglasverstärktes Nylongehäuse

Kipphebel

Membrane

wechselbar Mitteldruck anschluß

Gleitscheibe

Ventilträger mit Dichtsitz

V.I.V.A.-Einstellklappe

Blasenabweiser

Luft von der 1. Stufe

einstellbare Luftklappe

Ausblasventil

Membrane

MAX.

MIN.

Hoch- und Niederdruckstufe des Atemreglers

Beim Druckminderer (1. Stufe) gibt es zwei verschiedene Konstruktionsmerkmale:

Beim **kolbengesteuerten** Druckminderer strömt die Luft aus der Flasche nach Reinigung durch den Sinterfilter in die Mitteldruckkammer. Die Steuerfeder drückt den Steuerkolben nach oben, damit kann die Luft über den Mitteldruckschlauch zur zweiten Stufe gelangen. Der Ventilsitz am Kolbenende ist direkt der Kraft der Luft aus dem Tauchgerät ausgesetzt (Down-Stream-Kraft). Durch Einatmung oder von außen wirkenden Wasserdruck strömt Luft nach. Mit abnehmendem Flaschendruck nimmt jedoch der relative Druck der Steuerfeder zu, so daß der Mitteldruck abnimmt und der Einatemwiderstand der zweiten Stufe leicht zunimmt. Dieser »nicht kompensierte« Mitteldruck kann jedoch durch eine Kolbensteuerung angepaßt werden: Durch Luftstau vor der zweiten Stufe kann die Kraft der Steuerfeder über den Steuerkolben überwunden werden, und damit ist der Mitteldruck immer gleich (»kompensiert«), egal, wie hoch der Flaschendruck noch ist.

Beim **membrangesteuerten** Druckminderer wird die Ventiltätigkeit nicht über einen Kolben, sondern eine Membrane gesteuert. Eine federbelastete Membrane hält den Ventilkegel offen. Somit kann die Luft am Ventilsitz vorbeiströmen und über den Mitteldruckschlauch zur zweiten Stufe gelangen. Sinkt der Mitteldruck oder steigt der Druck in der Wasserkammer der zweiten Stufe, öffnet sich über die Membrane der ersten Stufe

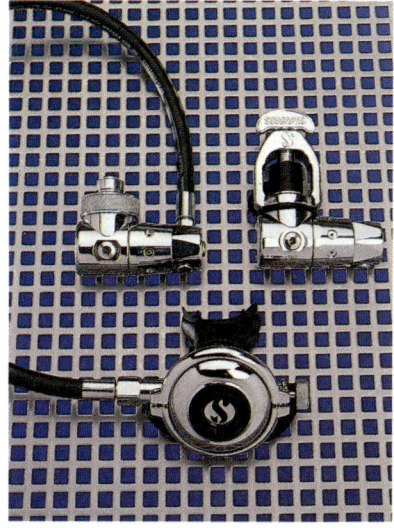

Moderner
2-Stufen-Automat
Scubapro

das Ventil und läßt Luft nachströmen. Bei fallendem Flaschendruck sinkt, im Gegensatz zum kolbengesteuerten Automaten, der Einatemwiderstand (»nicht kompensiert«). Ähnlich wie beim kolbengesteuerten Automaten kann auch hier durch Rückkopplung ein Druckgleichgewicht an beiden Seiten des Ventilkegels erzielt werden, der Mitteldruck ist damit »kompensiert«.

Die zweite Stufe (»Atemregler«), die sich vor dem Mund befindet, hat die Aufgabe, den aus der ersten Stufe kommenden Mitteldruck auf die jeweilige Wassertiefe anzupassen. Sie ist membrangesteuert.

Bohrungen, über die der umgebende Wasserdruck wirken kann, drücken auf eine Membrane. Über ein Kipphebelventil gelangt dabei Luft in die Atemkammer, entsprechend dem Um-

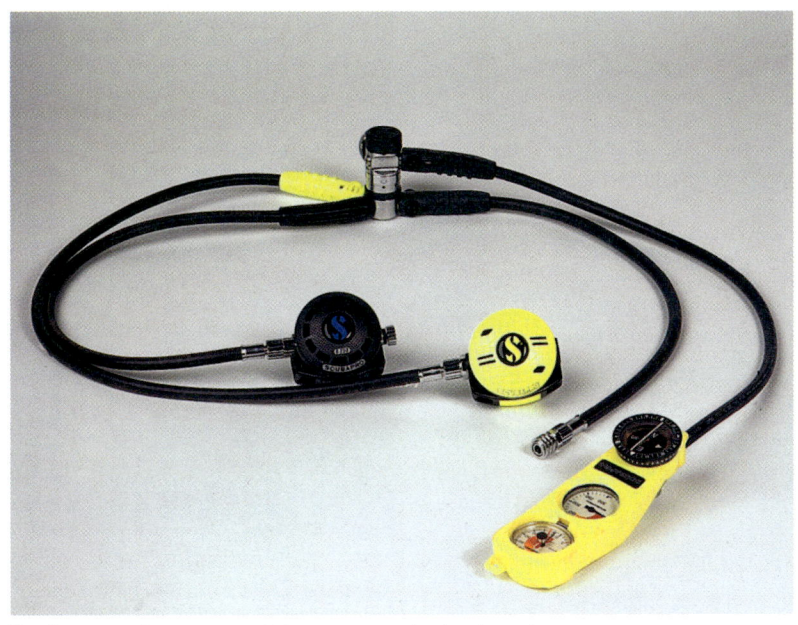

Kombination »Octopus« mit 2 Automaten und Luftverbrauch-integriertem Computer

gebungsdruck. Wird nun eingeatmet, so entsteht ein Unterdruck, der die Membrane nach unten bewegt und das Kipphebelventil niederdrückt. Der Ventilkegel wird abgehoben und Luft strömt über den Mitteldruckschlauch nach. Wenn die Einatmung beendet ist, kehrt die Membrane in ihre Ruhelage zurück und das Ventil schließt.

Moderne Automaten haben eine Ventilkonstruktion, die sich mit ansteigendem Umgebungsdruck selbsttätig öffnet (Down-Stream-Prinzip). Wenn etwa die erste Stufe »durchschlägt« (Vereisung), wird durch den plötzlichen Druckanstieg die zweite Stufe geöffnet. Damit kann die über-

schießende Luft abströmen, trotzdem bekommt der Taucher noch ausreichend Luft zum Atmen.

Bei der Ausatmung entsteht im Gehäuse ein leichter Überdruck. Dieser öffnet das Ausatemventil und die Luft kann seitlich über Blasenabweiser ins Wasser entweichen.

Beim Tauchen unter erschwerten Bedingungen (Höhlen-, Nacht-, oder Eistauchen) sowie für Gruppenführer gilt das Mitführen eines zweiten, gesondert an der Ventilkombination angeschlossenen Atemreglers als Pflicht zur Erhöhung der Sicherheit.

Grundsätzlich sollte bei allen Tauchgängen mit Zweitautomaten (Octopus) getaucht werden.

Finimeter

Bis vor kurzem noch ein absolutes
Muß, hat dieses wertvolle Überwa-
chungsgerät, das den noch vorhande-
nen Luftvorrat anzeigt, seine Bedeutung zugunsten der Luftverbrauch-
integrierten Computer weitgehend
eingebüßt. Wird mit Computer ohne
integriertem Luftverbrauch getaucht,
ist das Finimeter nach wie vor ein
Muß. Über einen Hochdruckschlauch
strömt die Luft im Finimeter unter dem
gleichen Druck, wie er im Tauchgerät
herrscht, an das gut ablesbare Manometer.
In den Hochdruckschlauch des Fini-
meters strömt Luft unter dem gleichen
Druck wie er in der Flasche herrscht.
Über ein gut ablesbares Manometer
können somit alle Teilnehmer des
Tauchganges über den Luftvorrat der
Partner schnell informiert werden, das
Absinken des Druckes auf ca. 50 bar
ist das Signal zur Beendigung des
Tauchganges.

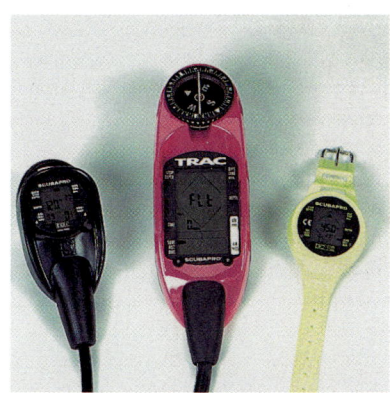

Tauchcomputer EDI, TRAC und DC-12

Gerätepflege und Reparatur

Achten Sie beim Kauf zunächst darauf,
daß Gerät, Automat und am Gerät
anschließbare Instrumente den jeweils
gültigen technischen Normen entsprechen. Die nun europaweit gültige
Norm ist in der EN 250 des europäi-
schen Kommitees für Normung (CEN)
geregelt.

Grundsätzlich sollten alle Reparatur-
und Wartungsarbeiten durch einen
autorisierten Händler erfolgen. Vor
und nach jedem Tauchgang müssen
Gerät und Zubehörteile einer kurzen
Funktionsprüfung unterzogen werden.
Nach jedem Tauchgang, gleichgültig
in welchem Gewässer, sollen alle
Teile in Süßwasser gespült und anschließend im Schatten getrocknet
werden.

Flaschenfüllung

Preßluftflaschen dürfen nur gefüllt
werden, wenn sie in einwandfreiem
technischen Zustand sind und einen
gültigen, noch nicht abgelaufenen
Prüfstempel aufweisen. Die Prüffrist für
Stahlflaschen beträgt 2 Jahre, für Alu-
flaschen 6 Jahre. Laut Druckbehälter-
verordnung dürfen Gasbehälter, deren Inhalt oder Druck den Werkstoff
stark angreifen (Korrosionsgefahr!)
nur gefüllt werden, wenn diese Prüffri-
sten eingehalten werden. Diese Überprüfung wird normalerweise vom TÜV
durchgeführt.

Zusätzlich zum Prüfdatum müssen Tauchgeräte mit der Bezeichnung TG (Tauchgerät) gekennzeichnet sein. Preßluft darf nur in die hierfür vorgesehenen Druckgasbehälter gefüllt werden, dies wird auch durch die besondere Farbmarkierung der Tauchgeräte hervorgehoben. Sie müssen am oberen Teil eine graue Farbe tragen, der übrige Teil des Druckgasbehälters ist meist gelb gespritzt. Schließlich muß das Gerät einen sichtbaren Einschlag über Flaschengröße, Höchstfülldruck und Prüfdruck (50 % über dem Fülldruck) aufweisen.

Leere Tauchgeräte sollen möglichst bald gefüllt werden, sonst sind sie durch Kondenswasserniederschlag verstärkt korrosionsanfällig. Der zulässige Fülldruck von 200 bzw. 300 bar soll dabei nicht mehr als 10 % überschritten werden.

Bei gewerblichen Abfüllstationen sollte man darauf achten, daß das Gerät und vor allem das Ventil pfleglich behandelt werden. Überzeugen Sie sich, daß die Füllstation in gutem technischen Zustand ist und von sachkundigem Personal bedient wird. Die abgefüllte Atemluft muß sauber sein, darf also nicht durch Abgase einer nahe liegenden und viel befahrenen Straße verunreinigt sein. Vor Entgegennahme des Gerätes soll man im eigenen Interesse nochmals den Fülldruck selbst überprüfen und evtl. auf Nachfüllung drängen.

Kaskadenfüllung

Hier werden Tauchgeräte über große sog. Mutterflaschen abgefüllt, wobei die Füllbatterie aus drei oder vier Vorratsflaschen von 50 l besteht.

Das zu füllende Tauchgerät wird an die Vorratsbatterie angeschlossen und durch stufenförmiges Überströmen gefüllt. Die jetzt gebräuchliche Zuschaltautomatik erleichtert den Füllvorgang, ein Austausch der leeren Vorratsflaschen ist dann nicht mehr erforderlich. Alle Vorratsflaschen werden über die Zuschaltautomatik immer dem abgeforderten Füllverbrauch entsprechend nachgefüllt.

Kompressorfüllung

Die Fülldauer eines Tauchgerätes hängt von der Leistung eines Kompressors ab. Die Fülleistung wird in Liter pro Minute angegeben. Sie ist abhängig vom Hubvolumen der ersten Stufe. Die Fülleistung sollte 80 l/min nicht unterschreiten, damit ist ein 10-l-Tauchgerät in ca. 25 Minuten gefüllt. Kompressoren für atembare Luft sind drei- oder vierstufige Hubkolbenverdichter, deren Antrieb sowohl über einen Elektro- als auch über einen Verbrennungsmotor erfolgen kann. Das Funktionsprinzip wird im folgenden an einem dreistufigen BAUER-Capitano-Kompressor näher erläutert.

Schnittbild eines BAUER-Kompressors

Capitano C 4 D mit Dieselantrieb, konstruiert für Fülldrücke von 225 bar oder 330 bar, oder umschaltbar.

Arbeitsweise des Kompressors

Die Kurbelwelle wird vom Antriebs- motor gedreht und bewirkt eine Hub- bewegung des Kolbens. Bei der Abwärtsbewegung erzeugt der Kol- ben einen kurzfristigen Unterdruck im Zylinderraum. Durch selbsttätiges Öff- nen eines Saugventils strömt so lange Luft ein, bis der Unterdruck ausgegli- chen ist. Bei der nun folgenden Auf- wärtsbewegung des Kolbens schließt sich das Saugventil, und durch Verklei- nerung des Kolbenraumes wird die Luft auf ca. 4,5 bar verdichtet. Dabei öffnet sich ein Druckventil und die nun komprimierte Luft strömt in die zweite Stufe, in der eine weitere Verdichtung auf ca. 40 bar erfolgt. In der dritten Stufe wird dann der Enddruck von 225 bis 330 bar erreicht. Alle Stufen

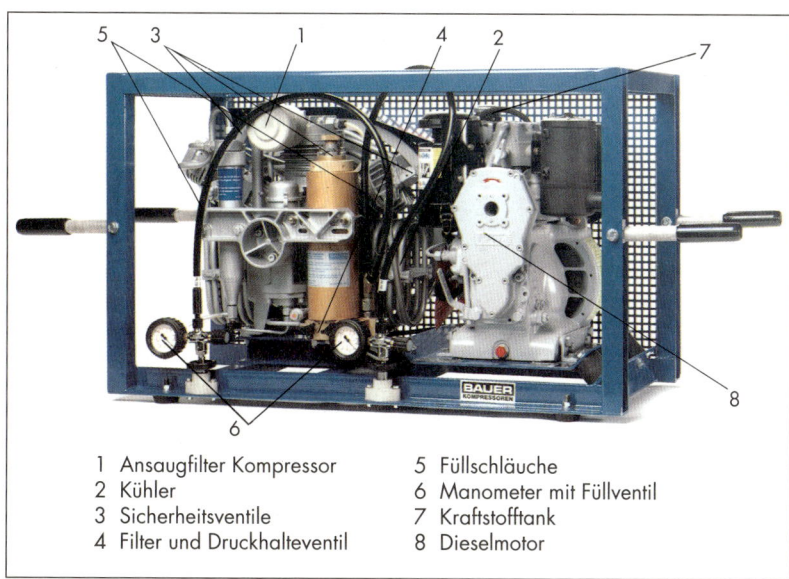

1 Ansaugfilter Kompressor	5 Füllschläuche
2 Kühler	6 Manometer mit Füllventil
3 Sicherheitsventile	7 Kraftstofftank
4 Filter und Druckhalteventil	8 Dieselmotor

sind durch Sicherheitsventile abgesichert, die bei einem zu hohen Druck in den einzelnen Stufen vor Überlastung schützen. Ein Druckhalteventil sorgt andererseits dafür, daß schon bei Beginn der Kompressionsphase ein konstanter Mindestdruck aufrecht erhalten wird. Kompressoren, deren dritte oder vierte Stufe mit einem Freiflugkolben versehen sind, erzeugen kurz nach Betriebsbeginn ein metallisches Geräusch, das völlig ungefährlich ist. Es zeigt an, daß der Freiflugkolben nach entsprechendem Druckaufbau den Führungskolben berührt.

Luftweg im Kompressor

Die in Klammer angegebenen Zahlen beziehen sich auf die Graphik: Am Lufteintritt zur ersten Stufe (2) werden die Schwebeteilchen ausgefiltert (1). Anschließend wird die Luft vor Eintritt in die zweite Stufe (3) durch einen Kühler (5) geleitet. Dieser senkt die jetzt durch Kompression erhöhte Lufttemperatur annähernd auf Umgebungstemperatur. Zwischen zweiter und dritter Stufe befindet sich ebenfalls ein Kühler (6), außerdem ein Zwischenfilter (11). Dort werden Öl- und Wasserrückstände ausgeschieden sowie über ein Sintersieb noch vorhandene feste Schmutzteile abgesondert. Nun kann die Luft in der letzten Stufe (4) auf Enddruck verdichtet werden. Es erfolgt anschließend eine erneute Kühlung im Nachkühler (7), bevor die Luft über einen weiteren Öl- und Wasserabscheider (12) an den Feinnachreiniger (13) gelangt. Die hier eingebaute Aktivkohlepatrone mit Molekularsieb (Triplexfilterpatrone) scheidet dampfförmige Öl- und Wasserrückstände ab und sorgt dafür, daß die Luft geschmacks- und geruchsfrei wird. Über ein Druckhalteventil und den Füllschlauch (16) erreicht die Luft schließlich das Füllventil (17) mit angeschlossenem Manometer (18). Dort wird das Tauchgerät angeschlossen.

Der Betrieb eines Kompressors erfordert Sachkenntnis und sorgfältige Pflege. Einige wichtige Punkte im Umgang mit Tauchkompressoren sollten beachtet werden:

- Die angesaugte Luft muß abgasfrei sein. Kompressoren mit Verbrennungsmotor sind in Zukunft mit einer Patrone zur CO-Abscheidung ausgestattet.
  Der Ansaugschlauch für das Ansaugteleskop sollte daher so angebracht werden, daß keine Abgase angesaugt werden (Windrichtung beachten).
- Zur weiteren Kühlung dient ein Lüfterrad, dessen Luftstrom Kühler und Zylinder abkühlt. Kühlrippen und Zylinder müssen daher sauber und ölfrei gehalten werden.
  Den Kompressor nicht in geschlossenen Räumen ohne Luftdurchzug betreiben. Mindestabstand Lüfter von der Wand: 0,5 m.
- Die Schmierung erfolgt über Druckumlaufpumpen. Der Ölwechsel ist nach 1000 Betriebsstunden, spätestens jedoch nach 12 Monaten

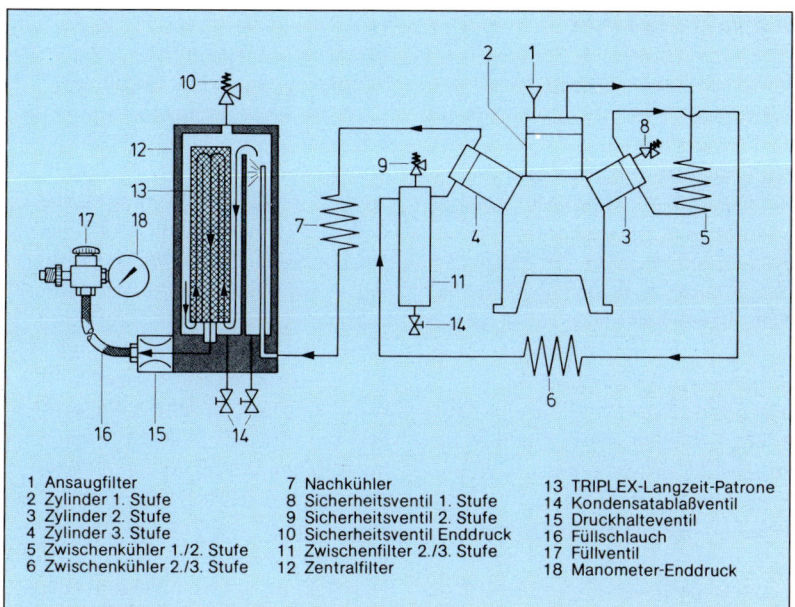

1 Ansaugfilter	7 Nachkühler	13 TRIPLEX-Langzeit-Patrone
2 Zylinder 1. Stufe	8 Sicherheitsventil 1. Stufe	14 Kondensatablaßventil
3 Zylinder 2. Stufe	9 Sicherheitsventil 2. Stufe	15 Druckhalteventil
4 Zylinder 3. Stufe	10 Sicherheitsventil Enddruck	16 Füllschlauch
5 Zwischenkühler 1./2. Stufe	11 Zwischenfilter 2./3. Stufe	17 Füllventil
6 Zwischenkühler 2./3. Stufe	12 Zentralfilter	18 Manometer-Enddruck

Luftweg im dreistufigen Kompressor

durchzuführen. Bei Synthetiköl verlängert sich die Wartung auf 2000 Betriebsstunden bzw. 2 Jahre.

- Wasser- und Ölabscheider (14) sind mit Ablaßhähnen versehen. Diese müssen regelmäßig geöffnet werden, damit Wasser und Öl entweichen können. Ein Rückschlagventil verhindert, daß bereits komprimierte Luft beim Öffnen der Kondensatablaßhähne entweicht. Das Abscheiden von Wasser bewirkt, daß die Luft aus dem Tauchgerät trockener ist als normale Atemluft. Da das Kondensat ölhaltig ist, muß es umweltgerecht entsorgt werden.
- Alle Filter müssen regelmäßig gesäubert werden. Dafür eignet

sich am besten Seifenlauge. Niemals Benzin oder Lösemittel verwenden. Die Triplexfilterpatrone muß regelmäßig nach Herstellerangabe gewechselt werden, dies Ihrer Gesundheit und Sicherheit zuliebe.

- Das Sicherheitsventil auf dem Triplexfilter muß vor jedem Füllvorgang überprüft werden. Dazu bei geschlossenem Füllventil abwarten bis das Sicherheitsventil bei 225 bzw. 330 bar abbläst.
- Undichte Verschraubungen am Kompressor bzw. am Filter niemals unter Druck nachziehen, **LEBENSGEFAHR!**

43

Sinnvolles Zubehör

- Ein spezieller Fahrsatz erhöht bei größeren Tauchsportkompressoren die Mobilität.
- Zusätzliche Füllanschlüsse mit Verteilerstück erlauben gleichzeitiges Füllen von 2 Tauchflaschen.
- Ein drehbar gelagertes Füllventil vermeidet verdrillte Füllschläuche.
- Kompressoröl und original luftdicht verpackte Ersatz-Triplexpatronen gehören zum Kompressor.
- Für Tauchbasen und Tauchclubs empfiehlt sich die Anschaffung eines AIRLAB-Meßkoffers zur Überprüfung der Atemluft nach DIN 3188, wobei auf einfache automatische Art Wassergehalt, Ölgehalt, CO- und CO_2-Anteile in der verdichteten Luft gemessen werden.

Tauchanzüge

Sie schützen vor Verletzungen und dienen als Kälteschutz. Neben den üblichen Naßtauchanzügen werden zunehmend Halbtrocken- oder Trockentauchanzüge verwendet.

Naßtauchanzüge

Naßtauchanzüge bestehen aus Jacke, Long John, Kopfhaube, Handschuhen und Füßlingen. Eventuell kann ein Shorty als Unterkleidung bei sehr kalten Temperaturen getragen werden. Das zwischen 3 und 7 mm starke Material besteht aus Neopren, einem kautschukartigen Material. Die einge-

arbeiteten, mikroskopisch kleinen Luftblasen besitzen eine hohe Isolierfähigkeit gegen Kälte. Da diese Bläschen jedoch, entsprechend dem Boyle-Mariott'schen Gesetz, mit zunehmender Tauchtiefe komprimiert werden, nimmt die Wärmeisolation in der Tiefe zunehmend ab. Der Taucher wird dabei auch spezifisch schwerer. Innen und meist auch außen ist ein hochwertiger nylon- oder lycrabeschichteter Stoff aufgearbeitet, der das An- und Ausziehen erleichtert. Eine Neuentwicklung (Beluga) ermöglicht bei einem 5-mm-Anzug eine hohe Wärmeisolation; durch ein mit Titan angereichertes, unter der Nylon-Kaschierung liegendes Coating wird die Körperwärme reflektiert.

Der Naßtauchanzug liegt dem Körper eng, aber nicht völlig dicht an. Wasser kann an den Schnittstellen zwischen Anzug und Handschuhen, Füßlingen und Kopfhaube, aber auch über die Reißverschlüsse eindringen. Zwischen Tauchanzug und Körper entsteht so ein feiner Wasserfilm, der durch die Körpertemperatur erwärmt wird. Das Temperaturgefälle vom Körper zum Wasser wird stark herabgesetzt und der Taucher friert weniger. Da dieses erwärmte Wasser spezifisch leichter ist als das umgebende Wasser, steigt es durch den Anzug nach oben und entweicht zum Teil. Es entsteht so ein ständiger Wärmeverlust, der nur durch eine perfekte Paßform des Tauchanzuges reduziert werden kann. Bei nicht konfektionsgerechter Körperform sollte man sich einen, wenn auch etwas teureren, Maßanzug anfertigen lassen.

An- und Auskleiden werden wesentlich erleichtert, wenn an Engstellen (Arme, Beine, Oberkörper) Reißverschlüsse vorhanden sind. Diese sollen aus nicht korrodierendem Material (Kunststoff) gearbeitet und mit einem Neopren-Latz unterlegt sein.

Arm- und Beinabschlüsse sowie Kopfhaube müssen mit einem flexiblen Band eingefaßt sein, dies verhindert ein Einreißen beim An- und Ausziehen. Als häufigste Kombinationen werden angeboten: der Overall als durchgehender Anzug mit und ohne Kopfhaube, der Long John (Hose bis zur Brust, Schulter-Träger), mit darüber getragener Jacke mit Schrittlatz und Kopfhaube.

Das Tragen eines Tauchanzuges ist grundsätzlich zu empfehlen, wobei bei Oberflächentemperaturen von über 21 °C ein dünnerer Anzug meist ausreichend ist. Auch in sehr warmen tropischen Gewässern sollte man einen Körperschutz tragen, um gegen Rißverletzungen usw. geschützt zu sein. In den Tropen genügen unter Umständen ein T-Shirt, leichte Handschuhe und Knieschoner.

Bei häufigen, langen Tauchgängen in sehr kalten Gewässern genügen der Naßtauchanzug nicht mehr, es wird dann ein Halbtrocken- oder Konstantvolumenanzug getragen.

Halbtrockentauchanzug

Dieser weist an Armen und Beinen Doppeldichtmanschetten auf, die ein Eindringen von Wasser fast vollständig unterbinden. Handschuhe und Füßlinge werden so getragen, daß sie zwischen Innen- und Außenmanschette anliegen. Die Kopfhaube weist zum Gesicht hin ebenfalls eine aus weichem Neopren gefertigte Dichtmanschette auf. Reißverschlüsse sind nur an den unbedingt notwendigen Stellen vorhanden, sie sind beidseits mit Neopren-Laschen unterlegt und dichten damit hervorragend ab. Das An- und Ausziehen dieser Anzüge ist etwas unbequemer als beim Naßtauchanzug.

Trockentauchanzüge

Diese Tauchanzüge verhindern das Eindringen von Wasser völlig. Sie bestehen entweder aus gemischtem Gewebe oder aus Neopren. Zwischen Anzug und Körper besteht ein wärmeisolierendes Luftpolster. Diese ausschließlich einteiligen Anzüge sind an Armen, Beinen und Kopfhaube mit Dichtmanschetten aus Latex oder Softneopren ausgestattet. Die mit Profillaufsohlen gestalteten Füßlinge werden an den Anzug geklebt. Zum An- und Ausziehen ist ein schräg verlaufender Reißverschluß am Rücken zu beiden Oberarmrückseiten angebracht, bei anderen Modellen verläuft der Reißverschluß vom rechten Oberschenkel streckseitig über den Rücken und dann zur linken Brustseite. Beide Modelle gewährleisten, daß der Reißverschluß nicht geknickt und damit undicht wird.

Beim An- und Ausziehen ist man auf die Hilfe des Tauchpartners angewiesen.

Um der Gefahr eines Hautbarotrau-
mas durch die eingeschlossene Luft,
die ja beim Tiefertauchen komprimiert
wird, zu entgehen, weisen Konstant-
volumenanzüge meist im Brustteil ein
Ein- und Auslaßventil auf. Das Einlaß-
ventil ist mit einem Inflator an die erste
Stufe des Automaten gekoppelt und ermöglicht in jeder Tiefe die benötigte

Trockentauch-
anzug

Luftzufuhr in den Anzug. Das Auslaßventil arbeitet beim Aufstieg selbsttätig,
kann aber auch von Hand betätigt
werden.
Bei Neopren-Trockentauchanzügen
genügen die im Material eingeschlossenen mikroskopisch kleinen Luftbläschen meist zur Wärmeisolation.
Beschichtete, aber dünne Konstant-
volumenanzüge isolieren schlecht. Sie
sind außerdem aus Gründen der Be-
wegungsfreiheit großzügig geschnit-
ten. Zur Wärmeisolation, aber auch,
um den entstehenden Schweiß aufzu-
nehmen, muß Unterzeug getragen
werden (Overall aus Chemiefaser,
Polarbär etc.).

Handschuhe und Füßlinge

Sie bestehen bei den Naßtauchanzügen aus dem gleichen Material wie
der Anzug.
Handschuhe werden entweder als
Drei- oder Fünf-Finger-Handschuhe
angeboten. Drei-Finger-Handschuhe
(Daumen, Zeigefinger und Finger
3 bis 5) bieten einen besseren Wär-
meschutz, Fünf-Finger-Handschuhe ermöglichen eine bessere Greiffunktion,
sind jedoch nicht so warm. In tropischen, warmen Gewässern können
sie auch aus leichtem Material bestehen, oft genügt ein grober, gewöhn-
licher Leder- oder Stoffarbeitshand-
schuh, wie ihn Heimwerker tragen.
Sie kosten nur ein paar Mark und
können nach dem Tauchurlaub weg-
geworfen werden.
Füßlinge werden hauptsächlich bei
Tauchgängen in kälteren Gewässern

Fünf-Finger-Handschuh

Füßlinge mit Beinreißverschluß

getragen. Sie können nur in Flossen mit offenem Fersenband verwendet werden. Da der Tauchplatz oft über einen längeren Anmarschweg (Kies, Fels, etc.) erreicht wird, sollen Füßlinge eine gut profilierte Laufsohle aufweisen. Der Tragekomfort wird erhöht, wenn Klett- oder Reißverschlüsse das An- und Ausziehen erleichtern. Es ist darauf zu achten, daß zumindest im Fersenbereich keine Nahtstellen liegen; durch Druck des Fersenbandes entstehen sonst unangenehme und schmerzhafte Scheuerstellen.

Jackets und Tarierwesten

Das Tragen einer Rettungs-/Tarierweste bzw. eines Stabilizing-Jackets gehört zwischenzeitlich zur unabdingbaren Pflicht bei Freiwassertauchgängen. Schon bei der Geräte-Grundausbildung sollen die wichtigsten Funktionen beider Auftriebshilfen erlernt werden.

Beim Tragen von gebräuchlichen Naßtauchanzügen kommt es mit zunehmender Tauchtiefe zu einer Kompression des Anzugs, somit zu einem immer stärkeren Abtrieb. Dies kann durch Einleiten von Luft in Weste oder Jacket in jeder Tiefe ausgeglichen werden. Beim Aufstieg wird durch Ablassen von Luft der gegenteilige Effekt erzielt. Im Notfall ermöglichen Weste oder Jacket einen raschen Aufstieg zur Oberfläche und dienen zusätzlich an der Wasseroberfläche als Schwimmhilfe. Westen und Jackets müssen so konstruiert sein, daß an der Wasseroberfläche eine ohnmachtsichere Lage gewährleistet ist.

Die Rettungs-/Tarierweste besteht aus einem aufblasbaren Kragen, der vor der Brust und um den Hals getragen wird und mittels Kreuz- oder Rücken- und Schrittgurt befestigt wird. Als Nachteil wird oft empfunden, daß der Kragen am Hals einengen kann, und die Schwimmlage unter Wasser aus der Waagrechten in eine mehr Senkrechte verändert.

Wesentlich bequemer, aber auch etwas teurer, ist das Stabilizing-Jacket. In dieses wird, wie bei einer Jacke,

Links:
Stabilizing-Jacket

Rechts:
Tarierweste

mit beiden Armen seitlich hineinge-
schlüpft, die Befestigung erfolgt mit
Quergurten vor der Brust.
Beim Tragen eines Stabilizing-Jackets
wird der Bleigurt zuerst, beim Tragen
einer Rettungs-/Tarierweste zuletzt angelegt. Entsprechend der unterschiedlichen Körperform des Tauchers gibt es
verschiedene Größen; das passende
Jacket kann also erst gefunden werden,
wenn es vor dem Kauf anprobiert wurde.
Die Tauchflasche wird auf einer hinten
am Jacket angebrachten, verstellba-
ren Tragebänderung befestigt. Westen und Jackets müssen verschiedenen Mindestanforderungen genügen:

- Der Auftrieb muß mindestens
  100 Newton = 10 Liter betragen.
- Es muß ein Schnellablaß- bzw.
  Überdruckventil vorhanden sein.
- Über einen Inflator, der an der ersten Stufe des Automaten angebracht ist, muß eine Füllung über
  die Tauchflasche möglich sein.

- Ein separates Mundstück ermöglicht das konventionelle Füllen über
  die Ausatemluft (aus der Weste
  kann nicht geatmet werden!).
- Einschalige Modelle bestehen aus
  Nylon, das beidseits mit Polyure-
  than beschichtet ist.
- Bei zweischaligen Ausführungen ist
  eine Innenblase vorhanden, diese
  ist bei Beschädigungen leicht aus-
  tauschbar.
- Jackets oder Westen sollen in
  einer Signalfarbe gehalten sein
  (orange-rot oder gelb).

Zusatzausrüstung

Taucheruhr und Tiefenmesser haben
durch die zunehmende Anwendung
von Tauchcomputern erheblich an Bedeutung verloren. Wer jedoch nach
Tabelle taucht, benötigt beide Geräte
nach wie vor unbedingt. Der Anschaf-

fungspreis einer guten Uhr und eines entsprechenden Tiefenmessers überschreitet jedoch oft den Preis eines Computers.

Taucheruhr

Die Taucheruhr soll auf einen Druck von mindestens 20 bar (= 200 m Tauchtiefe) ausgelegt sein; Krone und Glas müssen verschraubbar sein. Ein Stellring mit Zeiteinteilungsskala ermöglicht das Ablesen der verbrachten Tauchzeit. Der Stellring darf nur gegen den Uhrzeigersinn drehbar sein. Das Zifferblatt muß auch noch in größerer Tiefe gut ablesbar sein (Leuchtziffern). Das Armband muß flexibel sein, damit es den Volumenänderungen des Anzugs während des Tauchganges angepaßt werden kann.

Tiefenmesser

Bei den Tiefenmessern gibt es verschiedene Konstruktionsprinzipien: Grundsätzlich müssen alle für den Flachwasserbereich eine gespreizte, gut ablesbare Skala aufweisen, damit das Ablesen etwaiger Austauchstufen korrekt möglich ist.
Konstruktionsprinzipien
- Nach Boyle-Mariotte: Ein kreisförmiges, luftgefülltes und einseitig offenes Röhrchen füllt sich je nach Umgebungsdruck mit Wasser. Genaue Anzeige in geringen Tiefen, ungenau in größeren Tiefen.
- Bourdon-Rohr: Dabei wird ein bogenförmiges Metallröhrchen mit

dem herrschenden Wasserdruck belastet. Die dabei entstehende Rohrbewegung wird auf einen Zeiger übertragen. Genaue Anzeige, vor allem in größeren Tiefen.
- Membrantiefenmesser: Der Druck wirkt über eine ölgefüllte Metalldose auf einen Zeiger ein. Meistverwendetes Prinzip, da in allen Tiefen etwa gleich genau. Über eine Justierschraube kann der Nullpunkt nachgestellt werden, etwa bei Bergseetauchgängen.
- Die seit kurzem eingeführte DIN-Norm für Tiefenmesser stellt Anforderungen an die Genauigkeit, die nur von elektronischen Tiefenmessern erfüllt wird. Kernstück ist ein Drucksensor. Er enthält eine hauchdünne Siliziummembran, in welche Widerstandsbahnen eingeätzt sind. Bei Druckzunahme wölbt sich diese Membran, der Druck wird durch den Sensor in ein elektrisches Signal umgewandelt. Die entstehende Spannung wird dann über einen Verstärker ablesbar.

Tauchcomputer

Tauchcomputer haben neben der Funktion des Tiefenmessers und der Uhr sowie der Tauchtabelle noch eine weitere Anzahl von Funktionen, die unter Wasser entweder regelmäßig angezeigt werden oder über Wasser mittels Fingerdruck jederzeit abrufbar sind. Die lange erhobene Forderung, daß in die Computerberechnung auch der aktuelle Luftverbrauch mit einbezogen wird, ist nun realisiert.

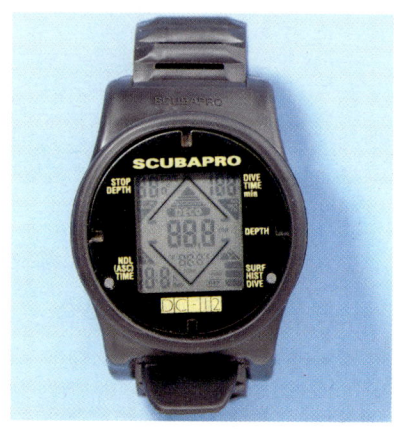

Tauchcomputer
DC-12

Neueste Tauchcomputer, wie etwa der DC-12, können über ein erweitertes Modul auch den aktuellen Flaschendruck und die verbleibende Luftzeit angeben. Der Taucher weiß damit, wie lange er in der momentanen Tiefe bei seinem bisherigen Luftverbrauch unter Einhalten der entsprechenden Dekopausen noch verbleiben kann. Der DC-12 bzw. dessen Luftverbrauch-integrierte Version (Trac) berücksichtigt, daß das Restrisiko auch bei sogenannten Jo-Jo-Tauchgängen für Nullzeit-Tauchgänge unter 0,5 % liegt. Dies bedingt überproportionale Kürzungen der bisherigen Nullzeit bzw. entsprechende Verlängerung der Dekozeiten.

- Das aufstiegsabhängige Ausperlen von Mikrobläschen und die damit einhergehende mögliche Blockierung der Alveolen bei der Abatmung von überschüssigem Gas ist im Programm berücksichtigt, auch bei Jo-Jo-Tauchgängen (häufiges Wechseln der Tauchtiefe).

- In das Programm integriert sind die verschiedenen Entsättigungszeiten der unterschiedlichen Körpergewebe und deren Halbwert (neun verschiedene Kompartimente).
- Tauchgänge jenseits 50 m Tiefe stellen ein wesentlich höheres Risiko für das Auftreten einer Dekompressionskrankheit dar.

Neben verschiedenen anderen Funktionen werden in regelmäßigen Zeitintervallen angezeigt:

- Aktuelle und maximale Tauchtiefe sowie aktuelle Tauchzeit.
- Rollierende Nullzeit-Tabelle.
- Gesamtauftauchzeit und Warnung am Ende der Nullzeit.
- Warnung bei zu großer Aufstiegsgeschwindigkeit, wobei berücksichtigt ist, daß bei Aufstiegen aus großer Tiefe möglichst rasch höhergetaucht werden soll (von 60 m auf 30 m in 1 Minute); erst in geringeren Tiefen dann 10 m pro Minute (von 30 auf 0 Meter).
- Logbuchspeicher für die vorausgegangenen sechs Tauchgänge.
- Berechnung von Wiederholungstauchgängen.
- Wählbares Programm für Bergseetauchgänge bis 4000 m über Normal Null (verwendbar auch bei Fahrten über höher gelegene Pässe oder bei nachfolgenden Flügen).

Tauchcomputer stellen einen vor Jahren noch nicht für möglich gehaltenen Fortschritt in der Tauchgangsplanung und Durchführung dar. Trotzdem dürfen einige bisher allgemein gültige Grundsätze nicht außer acht gelassen werden:

- Die größte Tauchtiefe soll am Anfang eines Tauchganges aufgesucht werden, bei Wiederholungstauchgängen ist immer der erste als tiefster Tauchgang zu planen.
- Jo-Jo-Tauchgänge können, trotz entsprechender Computerprogramme, ein Restrisiko für das Auftreten einer Caisson-Krankheit darstellen.
- Im technischen Bereich sind Fehler möglich, etwa das Altern der Piezo-Elemente oder das manchmal unvorhersehbare Erschöpfen der Batterie.
- Faktoren wie Alter, Konstitution, Gewicht etc. gehen nicht in die Computer-Tauchgangsplanung ein.

Kompaß

Er erleichtert speziell im trüben Wasser oder beim Antauchen eines weiter entfernten Ziels die Orientierung unter Wasser wesentlich. Eine Visiereinrichtung dient, vor allem über Wasser, zum Anpeilen von Zielen.
Er soll, um eine gut Peilung zu ermöglichen, möglichst weit vom Körper gehalten werden (entweder in beiden Händen mit ausgestreckten Armen oder in einer Finimeter- oder Computerkonsole mit langem Schlauch).

Tauchermesser

Es kann in kritischen Situationen eine wichtige Hilfe sein, beispielsweise, wenn sich der Taucher in einem Netz oder einer Leine verfangen hat und nicht mehr freikommt. Griff und Klinge sollen etwa gleich schwer sein. Wegen der hohen Rostanfälligkeit im Salzwasser sollte es aus hochwertigem Stahl, evtl. mit Spezialbeschichtung, gearbeitet sein. Es soll in einer stabilen Messerscheide gefahrlos getragen werden und mit Schnappverschluß versehen sein. Das Messer muß scharf sein und gelegentlich nachgeschliffen werden. Eine Seite soll gerade, die Rückseite mit einem Sägeschliff ausgestattet sein. Getragen wird das Messer üblicherweise an der Außen- oder Innenseite des Unterschenkels.

Unterwasserlampe

Bei der Auswahl einer Unterwasserlampe ist zu überlegen:
- Soll es eine Lampe mit Batterien oder aufladbaren Akkus sein?
- Soll die Lampe nur als Sehhilfe unter Wasser dienen oder aber gleichzeitig als zusätzliche Lichtquelle für Unterwasseraufnahmen verwendet werden?

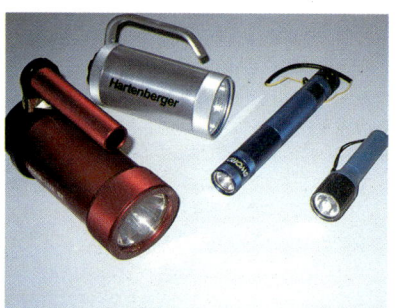

Unterwasserlampen mit unterschiedlicher Leuchtkraft

Trotz des nicht ganz billigen Anschaf-
funspreises ist es auch für den Tauch-
anfänger sinnvoll, eine aufladbare,
mit Akkus betriebene Handlampe zu
beschaffen. Diese ist um ein Vielfa-
ches heller als Batterielampen, der
höhere Preis wird durch die geringeren Betriebskosten bald ausgeglichen.
Da die Akkus bei völliger Entladung
zerstört werden, ist es sinnvoll, die
Lampe nach jedem Gebrauch sofort
nachzuladen. Als Notlampen oder
zur Markierung der Einstiegstelle bei
Nachttauchgängen gibt es kleine
Stablampen, Leuchtstäbe oder Blitz-
geber.

Bleigurt

An anderer Stelle wurde schon darauf
hingewiesen, daß beim Tauchen mit
Anzug die Mitnahme von Bleigewich-
ten nötig ist, um den Auftrieb des
Tauchanzuges auszugleichen. Die Anzahl der mitzuführenden Bleigewichte
ist individuell verschieden und unter
anderem vom Körperbau des Tauchers abhängig. Man muß durch Aus-
probieren feststellen, wieviel Bleigewichte benötigt werden, damit unter
Wasser ein annähernd gewichtsloser
Schwebezustand erreicht wird. Dies
bedeutet, daß die richtige Tarierung
dann erreicht ist, wenn der Taucher
unter Wasser bei der Ausatmung
leicht absinkt, bei der Einatmung
schwebt. Der Anfänger braucht mehr,
der Geübte weniger Blei.
Zum schnelleren Wechseln der Ge-
wichte haben sich aufschraubbare
oder einschiebbare Bleigewichte als

günstig erwiesen. Da der Bleigurt
so angelegt wird, daß er im Gefahrenfall sofort abgeworfen werden
kann, hat er eine Schnellabwurfschließe; diese ist rechts-öffnend
(Jacket- und Geräteschließe sind
links-öffnend).

Taucherflagge

Viele Länder verlangen, daß ein
Tauchplatz mit einer Warnvorrichtung
gekennzeichnet ist. In einigen Mittel-
meerländern wird noch die alte Flagge (roter Grund, weißer Diagonal-
streifen) verwendet. International
gültig ist die weiß-blaue Flagge
»Alpha«.
Tauchflaggen sind meist an aufblasbaren Bojen befestigt, die während
des Tauchganges, speziell in stark befahrenen Gewässern, an einer langen
Leine mitgeführt werden und jederzeit
die Position der Taucher anzeigen.
Um einen aufgetauchten Taucher weithin sichtbar zu machen, gibt es Mar-
kierungsbojen. Diese sind entweder
rund oder in Form eines Schlauches
gestaltet. Da sie aus dünnem Gummi
sind, werden sie zusammengefaltet
mitgeführt und beim Erreichen der
Oberfläche mit dem Mund oder Inflator aufgeblasen. Durch ihre auffallen-
de Farbe (meist gelb) werden sie weithin wahrgenommen, das Tauchboot
hat dann weniger Mühe, etwa abge-
triebene Taucher zu orten. Zur Ortung
dienen auch Trillerpfeifen und Signal-
raketen. Beides kann, ebenso wie die
aufblasbaren Bojen, in der Tauch-
weste mitgeführt werden.

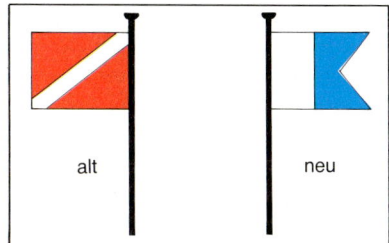

Die beiden zur Zeit gebräuchlichen
Taucherwarnflaggen

Scooter

Mit ihm ist eine ermüdungsarme Fortbewegung über weite Strecken unter Wasser möglich. Die Bauweise ähnelt kleinen Torpedos; der Taucher hält sich an zwei Griffen fest und wird durch den, meist batteriegespeisten Antrieb, ohne Flossenbewegung weiterbefördert.

Tauchtasche

Zum Transport der Ausrüstung empfiehlt sich der Kauf einer großvolumigen Tauchtasche. Diese soll aus reißfestem, schnell trocknendem Material bestehen und mehrere Außentaschen haben. Die Tauchtasche wird so gepackt, daß schwere Ausrüstungsgegenstände unten liegen; empfindliche Gegenstände wie Armaturen, Brille usw. kommen gut geschützt (Brillenbox) möglichst in die Mitte. Ein breiter Tragegurt ermöglicht den bequemen Transport.

Testfragen

1. Zählen Sie die wesentlichen Punkte auf, die bei der Anschaffung der ABC-Ausrüstung bedacht werden sollen!
2. Aus welchen wesentlichen Teilen besteht ein Preßluftgerät?
3. Was versteht man unter Finimeter?
4. Wie verändert sich der Einatemwiderstand beim Kolben – wie beim membrangesteuerten Automaten bei zur Neige gehendem Flascheninhalt?
5. Welchen TÜV-Vorschriften müssen Tauchgeräte genügen?
6. Beschreiben Sie die Arbeitsweise der Niederdruckstufe des Atemreglers.
7. Welche Möglichkeiten zur Kontrolle der noch verfügbaren Atemluft unter Wasser kennen Sie?
8. Welche wesentlichen Konstruktionsmerkmale weisen Trocken- und Naßtauchanzüge auf?
9. Stellen Sie Vor- und Nachteile von Rettungs-/Tarierweste und Stabilizing-Jacket gegenüber.
10. Was verstehen Sie unter »Octopus-System«?
11. Welche Bauprinzipien bei Tiefenmessern kennen Sie?
12. Erklären Sie die Grundzüge des Tauchcomputers.
13. Wie und wann ist der Bleigurt zu befestigen und warum?

Taucher- krankheiten

An einem Tauchunfall ist meist der Taucher selbst schuld!
Natürlich kann ein Tauchgerät ausfallen, eine wichtige Armatur versagen. Technische Störungen bleiben jedoch dann fast immer ohne ernste Folgen, wenn der Taucher gut ausgebildet ist und auf Geräteversagen durch ständiges Training der wichtigsten Notfallübungen vorbereitet ist. Viel gefährlicher sind Leichtsinn, mangelnde Selbstbeherrschung und Selbstüberschätzung sowie mangelhafte Vorbereitung eines Tauchgangs.

Fehlverhalten

Die überwiegende Zahl der Tauchunfälle tritt nicht, wie oft angenommen wird, bei Tauchanfängern auf, sondern bei sog. »alten Hasen« bzw. Urlaubstauchern. Anfänglich werden die Regeln, die man bei einer soliden Tauchausbildung mit auf den Weg bekommt, eingehalten und Notfallübungen regelmäßig trainiert. Mit dem Zuwachs an taucherischer Erfahrung ist später oft ein Nachlassen der Sorgfalt und Eigenkritik verbunden.

Fehlreaktionen des Anfängers:
- Hastiges Atmen – hoher Luftverbrauch; zunehmender Kopfschmerz und krampfähnlicher Zustand unter Wasser.
- Eingedrungenes Wasser – Brille oder Automat können nicht leergeblasen werden und werden vom Gesicht gerissen, es folgt Husten und Panik.
- Schneller Aufstieg – durch ungenügendes Luftablassen kann ein Lungenriß eintreten.

Häufige Fehlreaktionen des erfahrenen Tauchers:
- Er taucht allein – bei einem Zwischenfall gibt es keine Partnerhilfe.
- Tauchtiefe und Tauchzeit sind zu groß – Atmung und Flossenbewegung sind erschwert, es tritt ein Tiefenrausch ein oder erforderliche Austauchpausen können nicht eingehalten werden.
- Falsche Tauchgangplanung – Seegang, Wetter oder andere Gegebenheiten erschweren die Rückkehr zum Boot oder Ufer.
- Mangelhafte Tauchausrüstung – ein Gerätedefekt läßt schlagartig eine Paniksituation entstehen.
- Körperliche Mängel und Trainingsmängel – Erkältungen, Kreislaufanpassungsprobleme oder ungenügende Fitneß lassen den Tauchgang zu einem Desaster werden.

Die Folge eines Fehlverhaltens ist Streß, der oft in einer Panikreaktion mündet. Es entsteht Angst, die von charakteristischen Symptomen begleitet ist: erhöhte Erregbarkeit, Erhöhung von Puls und Blutdruck, Harn- und Stuhldrang, Einschränkung der Bewußtseinslage und Blockade des Gehirns für äußere Reize. Zielgerichtete Handlungen finden dann nicht mehr statt, es kommt zu einer panikartigen Fluchtreaktion, bei der sämtliche Regeln außer acht gelassen werden. Nur durch gezieltes Training von Notfallsituationen läßt sich das Streßpotential bei einer unvorhergesehenen Situation auf ein zu bewältigendes Maß senken.

Druckeinwirkungen

Alle durch Druckänderungen in den luftgefüllten Hohlräumen des Körpers verursachten Schäden werden als **Barotraumen** bezeichnet.

Druckeinwirkungen auf das Ohr

Wie wir wissen, steht das Mittelohr mit dem Nasenrachenraum durch die Eustach'sche Röhre in Verbindung. Das Trommelfell befindet sich unter normalen Druckverhältnissen in Gleichgewichtslage; das heißt, es herrschen innen und außen am Trommelfell gleiche Druckverhältnisse.

Schädigung des Trommelfells

Beim Abtauchen wird von außen auf das Trommelfell ein steigender Druck ausgeübt, der parallel zur zunehmenden Tauchtiefe ansteigt. Dadurch wölbt sich das Trommelfell nach innen und erzeugt über einen Druck auf die Gehörknöchelchen einen stechenden Schmerz. Wird das Trommelfell zu stark nach innen gewölbt, so kann es

platzen (Perforation), damit läßt das Schmerzempfinden nach. Durch das geplatzte Trommelfell kann Wasser in das Mittelohr eindringen und das schneckenartig gewundene Gleichgewichtsorgan durch Kältereiz empfindlich stören. Der Taucher verliert dadurch seine Orientierungsmöglichkeit; eine Unterscheidung zwischen oben und unten ist stark herabgesetzt, wenn nicht unmöglich. Die einzig sichere Methode, sich dann zu orientieren, ist, die ausgeatmeten Luftblasen zu beobachten. Luft ist spezifisch leichter als Wasser und steigt somit immer zur Wasseroberfläche auf. In seltenen Fällen kann es über das vegetative Nervensystem zum akuten Herzstillstand und nachfolgenden Ertrinkungstod kommen.

Der Druckausgleich

Zur Vorbeugung einer Trommelfellschädigung wird der Taucher bestrebt sein, die Druckverhältnisse am Trommelfell so zu regeln, daß sich das Trommelfell immer im Druckgleichgewicht befindet. Das bedeutet, daß der im Mittelohr befindliche Druck stetig dem zunehmenden Wasserdruck angepaßt werden muß.
Der Druckausgleich erfolgt dadurch, daß mit Daumen und Zeigefinger die beiden Nasenflügel durch die Maskenmanschette hindurch ergriffen und zugedrückt werden. Gleichzeitig wird Luft in den Nasenrachenraum gepreßt (ähnlich wie beim Schneuzen). Der so von innen erzeugte Überdruck strömt durch die Eustach'sche Röhre an die

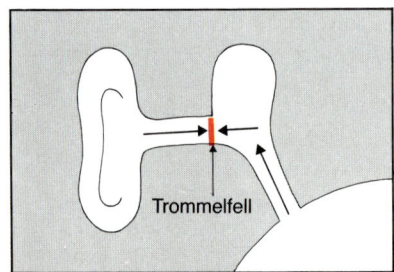

Vor dem Abtauchen: Innen- und Außendruck am Trommelfell sind gleich

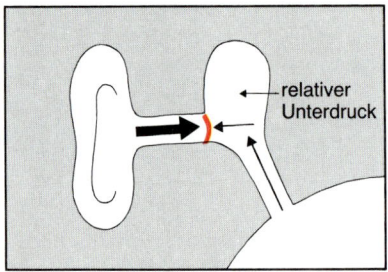

Nach dem Abtauchen: Der Überdruck von außen wölbt das Trommelfell nach innen

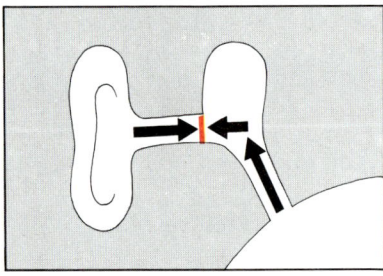

Nach erfolgtem Druckausgleich: Durch Druckerhöhung von innen gelangt das Trommelfell wieder in seine normale Lage

Mittelohrhöhle ab und kann das durch den Außendruck nach innen gewölbte Trommelfell wieder in seine normale Lage zurückbringen. Unterstützt werden kann der Druckaus-

gleich durch gleichzeitiges unterdrücktes Gähnen. Der Druckausgleich muß beim jeweiligen Tiefertauchen wiederholt werden; auf alle Fälle spätestens dann, wenn sich leichte Ohrenschmerzen einstellen. Grundsätzlich soll der erste Druckausgleich kurz vor dem Beginn des Tauchganges durchgeführt werden, nur so läßt sich feststellen, ob der Druckausgleich überhaupt zustande kommt. (Es muß sich in beiden Ohren ein leichtes Knackgeräusch einstellen!) Gelingt der Druckausgleich bereits an der Wasseroberfläche nicht oder nur unvollständig, so muß der Tauchgang unterlassen werden. Es liegt dann nämlich ein Verschluß der Eustach'schen Röhre vor, meist infolge einer katarrhalischen Erkrankung und der damit verbundenen Schleimhautanschwellung. Gelingt der Druckausgleich während des Abtauchens plötzlich nicht mehr, so ist die Ursache dafür meist in einem Verschluß der lippenartigen Wülste am Tubeneingang zu suchen, der nur zu lösen ist, wenn für kurze Zeit um einige Meter höher getaucht und dort der Druckausgleich durchgeführt wird. Der Tauchgang kann dann unter Umständen fortgeführt werden. Auf keinen Fall darf der Druckausgleich gewaltsam, das heißt, durch übertrieben starkes Pressen herbeigeführt werden, da als Folge kleinere Blutgefäße platzen könnten; außerdem ist in ungünstigen Fällen mit einer Verrenkung der Gehörknöchelchen oder sogar mit einer Innenohrschädigung zu rechnen.

Die Druckverhältnisse beim Auftauchen sind genau umgekehrt, doch regeln sich hier die Druckunterschiede meist von selbst.

Verwendung von Ohrenstöpseln und Nasenklemmen

Ohrenstöpsel und Nasenklemmen können beim Schwimmen gegen Eindringen von Wasser schützen; beim Tauchen wird ihre Verwendung jedoch Schädigungen nach sich ziehen; sie dürfen daher nicht verwendet werden. Bei Benützung von Ohrenstöpseln entsteht ein hermetischer Verschluß des äußeren Gehörgangs. Beim Tauchen kommt es dadurch zu einem relativen Unterdruck zwischen Trommelfell und Ohrenstöpsel. Dabei wölbt sich das Trommelfell nach außen; es kann zu lokalen Blutergüssen und schließlich zum Einreißen des Trommelfells nach außen kommen.

Der Druckausgleich

Wenn die Tube durch Erkältung verschlossen ist, so preßt sich das Verschlußstück wie ein Stempel auf das Trommelfell und drückt sich schließlich unter Perforation des Trommelfells ins Mittelohr. Bei Verwendung von enganliegenden Kopfhauben als Kälteschutz soll deshalb darauf geachtet werden, daß sich auf beiden Seiten in Höhe der Ohren entweder kleine Öffnungen befinden, durch die Wasser durch den äußeren Gehörgang bis zum Trommelfell strömen kann. Besser ist es, wenn die Kopfhaube kurz nach dem Abtauchen seitlich etwas abgehoben wird, da die Haube sonst genauso wie Ohrenstöpsel wirken würde.

Nasenklemmen verschließen zwar die Nasenlöcher und ermöglichen so einen Druckausgleich ohne Zuhilfenahme der Finger, sie haben jedoch den Nachteil, daß keine Luft durch die Nase in den Brilleninnenraum geblasen werden kann. Es ist jedoch unbedingt erforderlich, bei zunehmender Tauchtiefe von Zeit zu Zeit Luft durch die Nase in die Maske abzulassen: Beim Abtauchen wird die Maske zunehmend stärker gegen das Gesicht gepreßt. Ursache dafür ist die Komprimierung der Luft im Maskeninnenraum. Es entsteht ein Unterdruck, der durch Einströmen von Luft aus der Nase ausgeglichen werden kann. Bei Verwendung von Nasenklemmen ist das Abströmenlassen von Luft unmöglich; es entsteht ein Barotrauma im

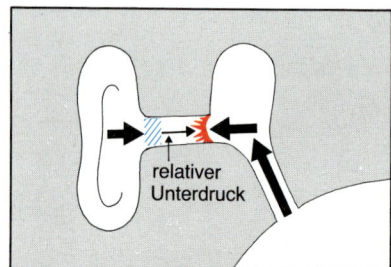

Unterdruck zwischen Stöpsel und Trommelfell führt zum Platzen des Trommelfells nach außen

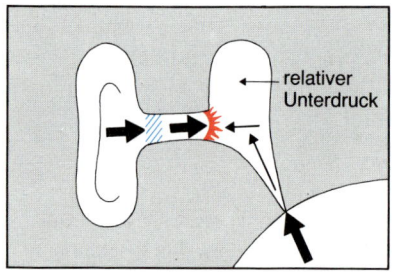

Unterdruck im Mittelohr führt zum Platzen des Trommelfells nach innen

Gesichtsbereich: Blutergüsse in den Augenlidern, Bindehäuten und der umliegenden Haut, evtl. sogar eine Sehnervzerrung. Ein weiterer Umstand verbietet die Verwendung von Nasenklemmen: Bei eindringendem Wasser in den Maskeninnenraum kann dieses während des Tauchens nur durch kräftiges Lufteinblasen über die Nase aus der Maske entfernt werden.
Es versteht sich, daß eine Erkältung und ein damit verbundener Verschluß der Nasenwege die gleiche Wirkung hat wie Klemmen.

Druckeinwirkungen in den Nasennebenhöhlen

Sie haben die gleiche Ursache wie die vorstehend beschriebenen Schädigungen, da auch die Nebenhöhlen durch Kanäle mit dem Nasenrachenraum in Verbindung stehen und die eingeschlossenen Lufträume bei zunehmendem Druck komprimiert werden. Eine Anpassung an den zunehmenden Umgebungsdruck erfolgt ebenfalls auf dem Weg des Druckausgleichs. Sind die Verbindungen zu den Nebenhöhlen durch Schwellungen der Schleimhäute versperrt, so kann es zu schmerzhaften Schädigungen kommen:

Warzenfortsatzzellen

Infolge mangelhaften Druckausgleichs stellt sich hinter den Ohren ein schmerzhaftes Druckgefühl ein. Oft wird ein Barotrauma in diesem Bereich durch eine Entzündung des oberen Nasen-Rachenraumes hervorgerufen, dadurch wird der Druckausgleich zusätzlich erschwert.

Stirnhöhlen

Sie sind am häufigsten von Barotraumen befallen, jedoch selten beide zusammen. Der Schmerz strahlt von der Nasenwurzel in die Augenbrauengegend aus, verbunden mit einer Druckempfindlichkeit der betreffenden Hautpartien.

Kieferhöhlen

Schleimhautschwellungen der Kieferhöhlen treten nicht nur bei Erkältungen, sondern auch bei Zahnwurzelerkrankungen und Kiefereiterungen auf. Die auftretenden, teilweise sehr stechenden Schmerzen können sich vom Oberkiefer in die Augen, Stirn und Ohren hinziehen.

Keilbeinhöhle

Sie wird selten von Druckschädigungen befallen, ein Barotrauma erkennt man an stechenden Schmerzen im Hinterkopf und am Austreten von Blutschleim durch die Nase.

Nasenhöhlen

Es treten öfters, besonders beim Schnorcheltauchen, Zerreißungen feinster Blutgefäße auf. Diese sind im allgemeinen harmlos.

Alle genannten Schädigungen in den Nebenhöhlen sind meist mit einem mehr oder weniger starken Blutaustritt verbunden: Durch den entstandenen relativen Unterdruck kommt es zu Schleimhautschwellungen und schließlich zu Blutaustritten. Dadurch wird das Volumen in den Nebenhöhlen verringert und somit ein Druckausgleich geschaffen. Meist enden damit auch die in diesem Bereich entstehenden Schmerzen. Beim Auftauchen kommt es zu einer Druckentlastung und somit zur Ausdehnung der eingeschlossenen Luft; es entsteht ein Überdruck, der ein gewaltsames Blutaustreten aus den Nebenhöhlen nach sich zieht. Das Blut tritt fast immer durch die Nase in den Brilleninnenraum aus. Nach einem Nebenhöhlenbarotrauma soll der Arzt aufgesucht werden, da die Gefahr einer nachfolgenden Infektion besteht. Auch hier gilt, daß der Tauchgang abgebrochen werden muß, wenn die Schmerzen in den Nebenhöhlen nicht durch Druckausgleich verschwinden.

Druckeinwirkungen auf schadhafte Zähne

Zähne, die Füllungen oder Kronen tragen oder an ihren Wurzeln Entzündungsherde haben, können oft kleine Hohlräume aufweisen. Diese Hohlräume stehen meist durch schmale Kanäle mit dem Mundraum in Verbindung. Beim Abtauchen ist der Druckausgleich durch die engen Kanäle oft nur unvollständig, es kommt zum Einströmen von Gewebsflüssigkeit in die Hohlräume. Beim Auftauchen kann die sich ausdehnende Luft nur mangelhaft entweichen und ruft sehr heftige Schmerzen hervor. In seltenen Fällen wurden durch die auftretenden Druckunterschiede schon Füllungen und Kronen regelrecht herausgesprengt. Es ist also dringend anzuraten, jährlich den regelmäßigen Gang zum Zahnarzt nicht zu scheuen.

Druckeinwirkungen im Magen-Darmtrakt

Die Gaseinschlüsse im Magen- und Darmtrakt unterliegen beim Tauchen ebenfalls den Gasgesetzen; sie werden also komprimiert. Beim Aufstieg dehnen sich diese Gaseinschlüsse entsprechend der Abnahme des Umgebungsdruckes wieder aus, dies wird meist als Völlegefühl empfunden. In selteneren Fällen kann es jedoch zu kolikartigen Schmerzen kommen. Der Taucher muß daraufhin wieder unter Druck gebracht werden; entweder durch Druckkammerbehandlung oder durch erneuten Tauchabstieg und entsprechend langsames Auftauchen.
Es soll deshalb vor dem Tauchen auf eine vernünftige Ernährung geachtet werden; Getränke und Speisen, die bei der Verdauung Gase bilden, sollen gemieden werden (Sprudel, Cola, Sekt usw., sowie Gurken, Rettich, Linsen, Bohnen, Zwiebel, Öl usw.). Vor Alkoholgenuß muß aus verschiedenen Gründen gewarnt werden.

Druckeinwirkungen auf die Lunge

Die Lunge ist das größte luftgefüllte Organ des Körpers und unterliegt daher in besonderem Maß den Einwirkungen des Drucks.

Gefahren beim Schnorcheltauchen

Durch den Schnorchel wird Luft unter normalen atmosphärischen Bedingungen eingeatmet, es herrscht damit in der Lunge derselbe Druck wie an der Wasseroberfläche. Da sich der umgebende Wasserdruck jedoch mit steigender Tiefe erhöht, kommt es zu einer zunehmenden Druckdifferenz zwischen Lungeninnerem und umgebendem Wasser. Damit der so entstehende relative Unterdruck in der Lunge nicht zu groß wird, darf ein Schnorchel höchstens 35 cm lang sein.
Würde der Schnorchel wesentlich verlängert, z. B. auf 60 cm, so würde in der Lunge ein relativer Unterdruck von 0,08 bar entstehen. Ein Ausgleich dieses Unterdrucks erfolgt dann dadurch, daß vermehrt Blut angesammelt wird. Zusätzlich werden die im Brustraum gelegenen Blutgefäße sowie das Herz erweitert und gestaut. Durch den so verstärkten Blutrückfluß zum Herzen und einen erhöhten Lungenwiderstand durch Blutstauung kommt es in kurzer Zeit zur Überlastung des Herzens und zum Herztod. Zusätzlich kann es beim längeren Schnorcheln zu einer Kohlendioxidvergiftung kommen (siehe S. 67).

Tiefengrenze für das Schnorcheltauchen

Das Fassungsvermögen der Lunge läßt sich in Vital- und Restkapazität unterteilen:

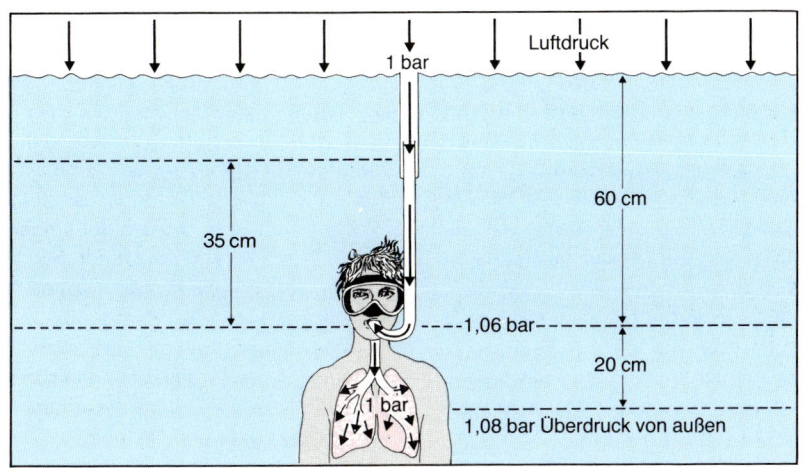

Luftdruck

1 bar

60 cm

35 cm

1,06 bar

20 cm

1 bar

1,08 bar Überdruck von außen

Lungen-
schädigung
durch
verlängerten
Schnorchel

Vitalkapazität + Restkapazität
= Gesamtkapazität

Beim Schnorcheln ist der Brustkorb innerhalb gewisser Grenzen elastisch, wobei die untere Grenze erreicht ist, wenn das Lungenvolumen bis auf die Restkapazität zusammengepreßt ist. Nun ist nur noch soviel Luft in den Atemwegen, daß lediglich die starren Hohlräume luftgefüllt sind.
Die Freitauchgrenze ist bei jedem Menschen verschieden (in Abhängigkeit von seiner Vitalkapazität) und ist dann erreicht, wenn die Gesamtkapazität bis auf die **Restkapazität** zusammengepreßt ist. Über diese Grenze hinaus treten ähnliche Schäden wie mit verlängertem Schnorchel auf.
An Hand des Gesetzes von Boyle-Mariotte läßt sich die Freitauchgrenze errechnen:
Ein Taucher mit einer Vitalkapazität von 4,5 l, einer Restkapazität von

1,5 l und damit einer Gesamtkapazität von 6 l will seine Freitauchgrenze errechnen. Somit sind gegeben: $p_1 = 1$ bar, $V_1 = 6$ l, $V_2 = 1,5$ l.

Berechnung: $p_1 \times V_1 = p_2 \times V_2$,
$$p_2 = \frac{6\,l \times 1\ bar}{1,5\,l}, \quad p_2 = 4\ bar.$$

Rechnerisch ist damit in 30 m Tiefe (4 bar) die Freitauchgrenze erreicht, das gesamte Lungenvolumen also bis auf die Restkapazität zusammengedrückt. Das Vordringen in noch größere Tiefen hätte prinzipiell dieselben Folgen wie das Tauchen mit verlängertem Schnorchel.
In der Praxis muß die Freitauchgrenze aus zwei Gründen in einer geringeren Tiefe angesetzt werden:
■ Beim Abtauchen wird fast nie voll eingeatmet, und für den Druckausgleich in den Nebenhöhlen und in der Brille geht Luft verloren.

61

- Die Luft in den Lungen wird mit zunehmender Tiefe immer stärker komprimiert und der Taucher erfährt zunehmenden Abtrieb, der das Auftauchen zur Schwerstarbeit werden lassen kann.

Merke: Daher sollte vom errechneten Wert $1/3$ abgezogen werden, in unserem Beispiel wäre die Grenze bei 20 m erreicht. Beim untrainierten oder älteren Taucher liegt diese Grenze, da die Vitalkapazität reduziert ist, in wesentlich geringerer Tiefe, oft schon bei 8 bis 12 m.

Flachwasserbewußtlosigkeit

Bei Freitauchübungen in größeren Tiefen ist es schon mehrfach vorgekommen, daß der Taucher beim Auftauchen knapp vor Erreichen der Wasseroberfläche bewußtlos wurde, ohne daß die Freitauchgrenze überschritten wurde.
Im Kapitel »Physik« haben wir gelernt, daß Gase entsprechend ihrem Teildruck physikalisch in Lösung gehen. Dies ist auch beim Freitauchen der Fall, entsprechend dem höheren Umgebungsdruck geht in der Tiefe mehr Sauerstoff physikalisch in Lösung und der Sauerstoffgehalt in der Lunge nimmt ab. Beim Auftauchen sinkt der Sauerstoffteildruck in der Lunge entsprechend dem abnehmenden Wasserdruck, im Körper herrscht durch den Tauchgang bereits ein Sauerstoffmangel, der jetzt durch den nur noch sehr geringen Sauerstoffteildruck in der Lunge akut verstärkt wird

und daher zur plötzlichen Bewußtlosigkeit führen kann. Die Bewußtlosigkeit tritt deshalb erst kurz vor Erreichen der Oberfläche ein, weil der Druckabfall auf den letzten Metern am stärksten ist.

Preßatmung

Hauptsächlich beim Schnorcheltauchen, bei Arbeit unter Wasser oder bei schnellem Aufsteigen mit Gerät kommt es durch Preßatmung zu Veränderungen am Kreislaufsystem, die bei labilen Menschen leicht zum Kollaps führen können. Starke Anstrengung bewirkt einen plötzlichen Druckanstieg im Brust- und Bauchraum und eine damit verbundene Behinderung des venösen Blutrückstromes zum Herzen. Die gleichen Symptome zeigen sich auch beim Heben von schweren Gegenständen oder starker psychischer Belastung.
Auch beim preßartigen Ausstoßen der Atemluft durch den Schnorchel oder das Gerätemundstück kann der Blutrückstrom gestört werden. Ursache des Kollapses ist der mit dem Preßdruck verbundene Blutdruckabfall. Bei gesunden Menschen steigt der Blutdruck nach Beendigung der Preßatmung bald wieder auf Normalwerte an; bei vegetativ anfälligen Menschen bleibt dieser Blutdruckanstieg lange aus und es kommt zum Zusammenbruch des Kreislaufs, weil wichtige Organe nicht ausreichend durchblutet werden. Diese Art von Kollaps kann beim Tauchen fatal enden.

Lungenriß

Viel häufiger als ein relativer Unterdruck kann ein Überdruck in der Lunge zu schwersten Schäden führen. Damit in der Lunge kein relativer Unterdruck wie beim Schnorcheln auftreten kann, ist beim Gerätetauchen der Atemregler so konstruiert, daß der Lunge immer Luft unter dem Druck zugeführt wird, der dem Umgebungsdruck des Wassers entspricht. Beim Tiefertauchen wird entsprechend mehr, beim Auftauchen weniger Luft durch den Atemregler freigesetzt, so daß die Lunge immer im normalen Zustand ist. Wird beim raschen Auftauchen (Notaufstieg, Abwurf des Gerätes) der nun zunehmende Lungeninnendruck nicht durch Abatmen dem abnehmenden Wasserdruck angepaßt (panikartiges Luftanhalten, Stimmritzenkrampf), so kann es zu einer Lungenüberdehnung kommen, die den Tod zur Folge haben kann. Wenn beim Gerätetauchen aus einer geringen Tiefe (1 bis 2 m) mit angehaltenem Atem aufgetaucht wird, kann es zunächst zu einer Überdehnung der Lungenbläschen kommen und damit zu Kreislaufstörungen und Schwindelanfällen. Wird aus größeren Tiefen mit angehaltenem Atem aufgetaucht, so können die überdehnten Lungenbläschen platzen und zu einem Riß führen. Reißt die Lunge im Bereich des Brustmittelraumes, so kann Luft durch das Bindegewebe bis in die Unterhaut des Halses und der Schultern gelangen. Dieses sog. Hautemphysem führt zu einer massiven Rückstauung des

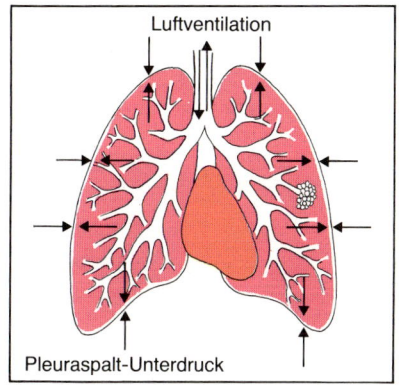

Lunge in normalem Füllungszustand

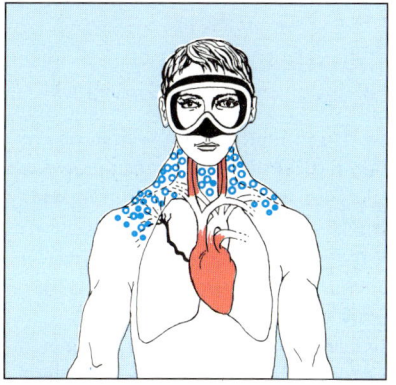

Hautemphysem – Störung des Blutrückstroms

Blutstromes aus dem Hals- und Kopfbereich und kann schwerste Kreislaufstörungen zur Folge haben.
Kommt es zu einem Lungenriß im Bereich des Brustfelles, so kann Luft in den Pleuraspalt eintreten und der betreffende Lungenflügel fällt zusammen, es entsteht ein **Pneumothorax,** bei dem der betroffene Lungenflügel auf Faustgröße zusammenschrumpfen kann. Durch Verdrängung des Herzens und der großen Gefäße kann dabei akute Lebensgefahr eintreten.

63

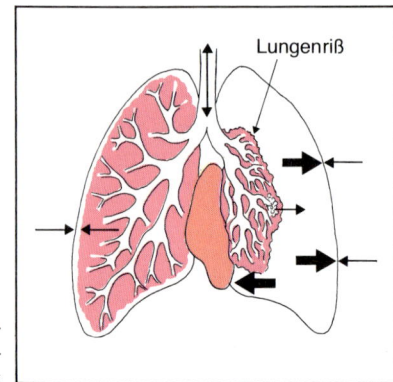

Lungenriß

Riß im Brustfell-
bereich –
Pneumothorax

rungen des Gehirns führen. In beiden Fällen kann kurzfristig der Tod eintreten. Um eine Lungenbläschendehnung und einen Lungenriß zu vermeiden, muß unter allen Umständen beim Auftauchen ohne Automat im Mund immer **ausgeatmet** werden, damit die überschüssige Luft abströmen kann. Bei vorhandener Gerätefunktion atmet man langsam weiter, da sich der Lungenautomat ja den verringerten Druckverhältnissen anpaßt. Das Gefährliche am Lungenüberdruck besteht auch darin, daß er schmerzlos entsteht und erst bemerkt wird, wenn schon Schädigungen eingetreten sind.

Luftembolie

Sie tritt sehr oft als Begleiterscheinung eines Lungenrisses ein. Wenn durch das Platzen der Lungenbläschen auch Blutgefäße eingerissen sind, so kann Luft in ungelöster Form in die Blutbahn eintreten und über die linke Herzhälfte in die Herzkranzgefäße oder ins Gehirn gelangen.
Die Folgen einer Luftembolie können sich entweder im Versagen des Herzens äußern oder zu Funktionsstö-

Maßnahmen bei Lungenriß und Luftembolie

Der Lungenriß **ohne** neurologische Komplikation wird konservativ behandelt. Ansonsten: Sofort Arzt verständigen und Transport in Druckkammer veranlassen, denn nur hier können die lebensbedrohenden Luftblasen wieder in Lösung gebracht werden. Bereits am Anfang muß durch eine richtige Lagerung des verunglückten Tauchers versucht werden, die Luftblasenansammlung von lebenswichtigen Organen wie Herz und Gehirn möglichst fernzuhalten. Die bisher empfohlene NATO-Seitenlage wird nur noch bei Bewußtlosigkeit und Gefahr des Erbrechens empfohlen, ansonsten soll der Verletzte, wenn er bei Bewußtsein ist, mit leicht erhöhtem Oberkörper im Schatten gelagert werden. Bei Atemstillstand muß sofortige Wiederbelebung mittels Mund-zu-Mund-Beat-

Lufteintritt in die
Blutbahn –
Luftembolie

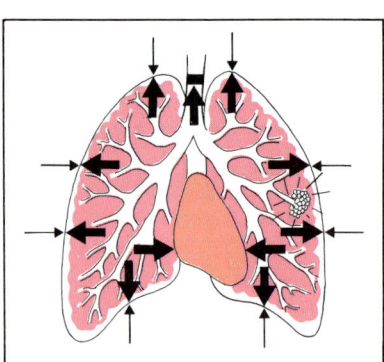

64

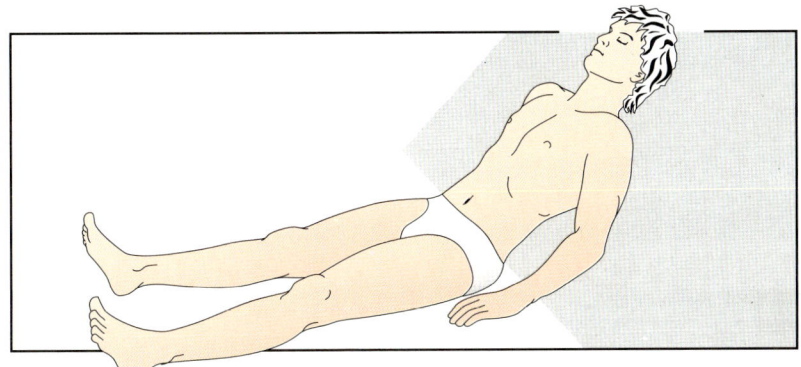

Lagerung bei
Lungenriß
und Caisson-
Krankheit:
halbsitzend

mung, oder noch zweckmäßiger,
Gabe von reinem Sauerstoff erfolgen,
damit das Gehirn ausreichend mit
Sauerstoff versorgt wird. Herzdruckmassage und Beatmung können nur
in Rückenlage auf harter Unterlage
durchgeführt werden.

Atemluftbedingte Erkrankungen

Die in der Atemluft enthaltenen Gase
können durch Änderung ihrer Konzentration oder veränderter physikalischer Löslichkeit typische Symptome
im Körper hervorrufen und zu den klas-
sischen Taucherkrankheiten führen.

Hyperventilation

Unter Hyperventilation verstehen wir
ein oftmaliges schnelles, kurz aufein-
anderfolgendes tiefes Ein- und Ausatmen. Das kann unbewußt geschehen,
z. B. in Gefahrensituationen oder bei
Menschen, die zu hektischen, nervö-
sen Handlungen neigen. Es kann

auch ganz bewußt geschehen, wenn
Taucher in Unkenntnis der damit verbundenen Gefahren hyperventilieren,
um damit das Luftanhaltevermögen zu
steigern.

Hyperventilation beim Schnorcheltaucher

Wohl jeder hat schon Schwimmer
oder Schnorcheltaucher im Schwimmbad beobachtet, die durch Hyperventilieren ihre Tauchleistung steigern
konnten. Dabei kann Lebensgefahr
auftreten.
Das Atemzentrum reagiert auf die
Kohlensäurespannung im Blut, also
auf den Anteil des Abbauproduktes
Kohlendioxid.
Durch Hyperventilieren kann der Koh-
lendioxid-Gehalt stark herabgesetzt
werden, ohne daß dabei eine Steigerung der Sauerstoffaufnahme möglich
ist. Der verminderte Kohlendioxid-
Gehalt ermöglicht ein längeres Luftanhalten. Bis der für den Reiz des
Atemzentrums erforderliche Kohlen-
dioxid-Spiegel wieder aufgebaut

65

wird, kommt es aber zu einem akuten Sauerstoffmangel, ohne daß der Taucher das Gefühl der Luftnot empfindet. Die Folge ist eine plötzliche, schlagartig eintretende Bewußtlosigkeit ohne vorhergehende Anzeichen (**Schwimmbad-Blackout**).

Hyperventilation beim Gerätetauchen

Auch Gerätetaucher können trotz Geräteatmung von Bewußtlosigkeit durch Hyperventilation bedroht sein. Die Ursachen liegen allerdings etwas anders als beim Freitauchen. Der Gerätetaucher hyperventiliert meist nicht bewußt, sondern infolge von Aufregung, Gefahr oder körperlicher Anstrengungen. Durch die verstärkte Abatmung von Kohlendioxid kommt es auf Grund des verringerten Kohlendioxid-Spiegels im Blut zu einer reflektorischen Engerstellung der Blutgefäße im Gehirn. Das hat eine schlechtere Durchblutung und damit geringere Sauerstoffversorgung des Gehirns zur Folge. Dieser Effekt wird zusätzlich dadurch verstärkt, daß bei Kohlendioxid-Mangel der Sauerstoff sehr stark ans Blut gebunden wird und dadurch noch schlechter an die Gehirnzellen gelangt. Die Veränderung des Säurecharakters des Blutes bewirkt eine enge Verbindung zwischen Sauerstoff und dem roten Blutfarbstoff (Hämoglobin). Anzeichen für einen Sauerstoffmangel infolge Hyperventilation sind Kopfschmerzen, die sich steigern und zur Bewußtlosigkeit führen können.

Sauerstoffvergiftung

Sauerstoff ist in einer höheren Konzentration als 21 % (pO_2 = 0,21 bar) je nach Einwirkungszeit und Druckeinwirkung giftig. Ab einem Teildruck von 1,6 bar, der als kritische Obergrenze gesehen werden muß, treten schon nach ca. 45 Min. Vergiftungserscheinungen auf. Bei schwerer Arbeit, Kälte, Streß und anderen Faktoren kann dies schon bei einem Sauerstoffanteil von 1,4 bar der Fall sein. Bei einem hohen Sauerstoffpartialdruck genügt schon eine kurze Einwirkungszeit, um eine Vergiftung des ZNS zu erzielen (Paul-Bert-Effekt). Erste Anzeichen dieser Störung des Gehirns sind Ruhelosigkeit, verlangsamter Puls und Zittern, die dann in Übelkeit, Schwindel und Halluzinationen übergehen und zum Schluß in generalisierten Krampfanfällen enden. Es besteht die Gefahr des Ertrinkens. Eine Sauerstoffvergiftung beim Tauchen ist bei Kreislaufgeräten, die mit reinem Sauerstoff arbeiten, schon bei 6 bis 7 m Tiefe möglich, bei normalen Preßlufttauchgeräten in ca. 60 bis 70 m Tiefe und bei Nitroxgeräten, abhängig vom verwendeten Gemisch, in Tiefen zwischen 30 und 40 m möglich. Bei einem nur gering erhöhten Sauerstoffpartialdruck (bis etwa 0,6 bar) bedarf es einer langen Einwirkungszeit, um Dauerschäden hervorzurufen (Lorrain-Smith-Effekt). Diese manifestieren sich an der Lunge. Die Wände der Lungenbläschen verdicken sich, fallen teilweise zusammen und lagern Flüssigkeit ein. Dadurch kann es zu einer dauerhaften Verschlechterung der Lungenfunktion kommen, insbesondere zu einer Reduktion der Vitalkapazität. Dies tritt nicht selten beim Personal von Überdruckkammern auf. Eine Sauerstoffvergiftung ist der einzige Tauchunfall, der nicht mit Sauerstoffgabe behandelt werden darf!

Kohlendioxidvergiftung

Vier Arten von CO$_2$-Vergiftungen werden beim Tauchen unterschieden:

- Bei Kreislaufgeräten kann es zur Vergiftung kommen, wenn das abgeatmete Kohlendioxid nicht restlos durch Kalkfilterpatronen abgebaut wird und sich damit im Kreislauf des Tauchgerätes immer mehr konzentriert.
- Durch Verunreinigung der Luft im Tauchgerät kann eine gefährlich hohe Kohlendioxidkonzentration entstehen. Dies ist dann der Fall, wenn Motorenabgase vom Kompressor angesaugt werden. Je größer dann die aufgesuchte Tauchtiefe ist, um so höher wird der Kohlendioxidteildruck, dessen oberste, tolerable Grenze bei 3 % liegt.
- Das sog. »Essoufflement«, das bei erhöhter Arbeit unter Überdruck (Abtrieb, Überbleiung, Hyperventilation) entsteht, führt zu einer Ermüdung der Atemmuskulatur. Damit kommt es zu einer Verringerung des Atemminutenvolumens mit Kurzatmigkeit und Atemnot. Es kann dann zu einem Anstieg der CO$_2$-Konzentration im Blut kommen. Der Taucher empfin-

det einen starken Lufthunger, den er durch heftiges, aber oberflächliches Atmen auszugleichen trachtet; es entsteht ein Teufelskreis. Die einzige Hilfe ist das sofortige Höhertauchen, damit die Atemturbulenz verringert wird.

- Beim Schnorcheltauchen kann es durch einen überlangen Schnorchel, oder aber bei sehr flacher Ein- und Ausatmung durch den Schnorchel, zur Erhöhung der Kohlendioxidkonzentration kommen.

Kohlenmonoxidvergiftung

Auch sie entsteht durch verunreinigte Atemluft bei unzureichenden Verbrennungsvorgängen.
Die Bindungsfähigkeit des Kohlenmonoxids an das Hämoglobin ist 300fach höher als die des Sauerstoffs, so daß schon eine geringe Konzentrationserhöhung in der Atemluft genügt, um eine unbemerkt eintretende, jedoch tödlich verlaufende Vergiftung zu bewirken.
Sie stellt ein noch weit höheres Gefahrenmoment dar als die Kohlendioxidvergiftung. Schnellste und wirkungsvollste Behandlung stellt die Druckkammertherapie mit Gabe von Sauerstoff dar (HBO-Therapie).
HPNS: Bei Tauchtiefen jenseits der 60 Meter werden sowohl im gewerblichen Bereich als auch beim sogenannten »Technical diving« andere Atemgasgemische als Luft verwendet (Heliox, Trimix). Prinzip dieser Gasgemische ist, daß durch den verringerten N$_2$- und auch O$_2$-Anteil in der

Atemluft das Risiko der Caisson- und Sauerstoffvergiftung deutlich reduziert wird. In Heliox beispielsweise ist der Stickstoff durch Helium ersetzt. Während der in der Atemluft enthaltene Stickstoff unter Druck eine Narkose bewirkt, führt der Ersatzstoff Helium zum Gegenteil, dem sog. HPNS. Dies stellt eine erhöhte Reizbarkeit des Nervensystems dar, es äußert sich in Übererregbarkeit und Muskelkrämpfen.

Caisson-Krankheit

Der Name Caisson-Krankheit hat historische Bedeutung: Symptome dieser Krankheit wurden zuerst bei Arbeitern festgestellt, die in Senkkästen, sog. Caissons, Unterwasserarbeiten ausführten. Das damals rätselhafte Krankheitsbild ist heute geklärt; das Wissen um die Behandlung der Krankheitssymptome und die Vorbeugung zur Vermeidung dieser Druckfall-Erkrankung gehören zum absoluten Grundwissen für jeden Taucher. Wir wissen, daß sich Gase physikalisch im Körper lösen und das Lösungsbestreben von der Temperatur und dem Teildruck des Gases abhängig sind. Unter atmosphärischen Bedingungen ist deshalb der menschliche Körper entsprechend den Teildrücken der Gase, aus denen die Luft zusammengesetzt ist, mit Gas gesättigt. Bei dem mit dem Tauchen verbundenen Druckanstieg steigt auch die Gaslöslichkeit in den Körperflüssigkeiten entsprechend dem höheren Teildruck an. Ursache für die Caisson-

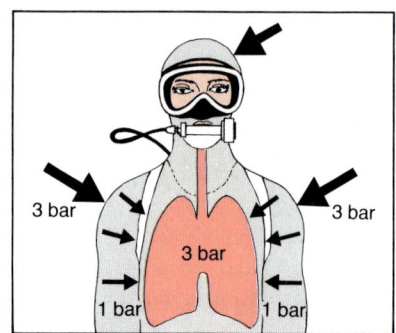

Beim Abtauchen auf 20 m: Der Körper ist mit Oberflächendruck gesättigt (1 bar)

Beim längeren Verweilen in 20 m: Anpassung des Körpers an den Umgebungsdruck

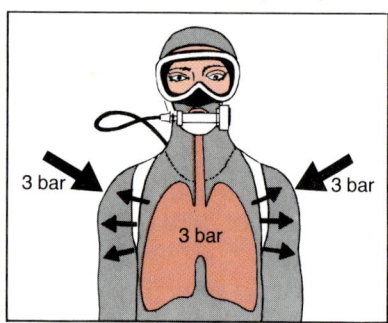

Krankheit ist der Stickstoff, der im Körper keine chemische Bindung eingeht, sondern physikalisch gelöst wird und zwar um so mehr, je größer Tauchtiefe und Tauchdauer sind.
Der Stickstoff gelangt zunächst über die Atmung in die Lunge und von dort ins Blut. Je nach Tauchtiefe löst sich entsprechend mehr Stickstoff im Blut und wird über den Blutkreislauf an die verschiedenen Gewebe abgegeben. Da im Körper beim Tauchen ja anfänglich eine relative Gasuntersättigung im

Verhältnis zum umgebenden Druck herrscht, löst sich der Stickstoff entsprechend stärker, um die Gewebesättigung dem Umgebungsdruck anzugleichen. Die Geschwindigkeit, mit der die Sättigung vor sich geht, ist für die einzelnen Organe und Gewebe verschieden und abhängig von der Durchblutung. Fettgewebe, Haut, Gelenke und weiße Nervensubstanz sind relativ schwach durchblutet; die Gassättigung pro Zeiteinheit ist hier geringer als beispielsweise in den Muskeln, Drüsen oder dem Zentralnervensystem. Die Muskulatur, die beim Tauchen stark bewegt wird (z. B. Beine beim Flossenschlag), ist verstärkt anfällig für Gassättigung, da eine intensivere Durchblutung erfolgt.

Die verschiedenen Gewebe werden jedoch unterschiedlich stark mit Gas abgesättigt. So haben Fett- und Nervengewebe eine ca. 5fach höhere Stickstoffbindungsfähigkeit als andere Gewebe, damit läßt sich die große Anfälligkeit des Zentralnervensystems für Überdruckschäden erklären.

Die vollständige Sättigung des Körpers erfolgt nicht schlagartig, sondern verläuft am Anfang schnell, dann langsamer, da zu Beginn des Tauchganges die größten Druckdifferenzen bestehen. Eine fast vollständige Gassättigung ist nach etwa 40 bis 50 Stunden erreicht, unabhängig von der aufgesuchten Tauchtiefe. Die Sättigung mit Stickstoff geht vom Taucher völlig unbemerkt vor sich. Bedeutung gewinnt dieser Vorgang erst beim Auftauchen, das mit einer Druckentlastung verbunden ist. Es besteht dann im Kör-

Plötzlicher Druckfall durch Druckentlastung

per im Verhältnis zum Umgebungsdruck eine Gasübersättigung, die der Organismus durch Freigabe des zuviel gelösten Gases auszugleichen sucht. Maßgebend für den Grad der Gasausscheidung sind das **Druckgefälle** und die **Zeit** der vorhergegangenen Druckeinwirkung. Im Modellversuch kann die Wirkung der plötzlichen Druckentlastung veranschaulicht werden: Eine verschlossene Sprudelflasche enthält unter Überdruck physikalisch gelöstes Kohlendioxid. Beim Öffnen der Sprudelflasche entweicht das Kohlendioxid plötzlich in Form von Gasblasen, da im Flascheninneren ein Druckausgleich, also eine Anpassung an den herrschenden Luftdruck erfolgt.

Auch wenn nach dem Öffnen keine Gasblasen mehr aufsteigen, entweicht immer noch Gas, in mikroskopisch kleinen Bläschen.

Dieses anschauliche Beispiel erfährt insofern eine Einschränkung, als die Gasausscheidung im menschlichen Körper durch die Zähflüssigkeit (Viskosität) des Blutes gehemmt wird.

Dies führt dazu, daß ein plötzlicher Druckabfall bis knapp 50 % noch nicht zur Bildung von schädlichen Gasblasen führt. Die Tiefengrenze, aus der nach beliebig langem Aufenthalt sofort ohne Pausen und ohne gesundheitliche Folgen zur Oberfläche aufgetaucht werden kann, beträgt etwa 8 bis 9 m (1,8 bis 1,9 bar). Der Druckabfall aus dieser Tiefe bis zur Oberfläche (ca. 50 %) wird vom Organismus gerade noch ohne schädliche Gasblasenbildung ausgeglichen.

Nullzeit

Wird die kritische Grenze überschritten, so ist eine Blasenbildung beim Auftauchen von der aufgesuchten Tiefe und von der Aufenthaltszeit unter Wasser abhängig. Für die verschiedenen Tauchtiefen gibt es errechnete Zeitgrenzen, innerhalb derer ein sofortiges Auftauchen mit der zulässigen Aufstiegsgeschwindigkeit von **10 m/Minute** zur Oberfläche noch gefahrlos möglich ist. Diese Zeiten werden Nullzeit genannt. Ein Taucher sollte immer versuchen, seinen Tauchgang innerhalb der für die jeweilige Tiefe zutreffenden Nullzeit zu beenden (siehe Austauchtabelle S. 74). Die Austauchtabellen sind in den letzten Jahren ständig überarbeitet worden, um den Forderungen nach höherer Sicherheit, auch bei sogenannten Jo-Jo-Tauchgängen, Rechnung zu tragen. Die neuesten Tabellen berücksichtigen die Forderung, daß das Restrisiko auch bei Jo-Jo-Tauchgängen unter 0,5 % liegen muß. Dies bedingt auch bei Nullzeit-Tauchgängen überproportionale Kürzungen der Nullzeit bzw. entsprechende Verlängerungen der Austauchpausen. Die neuen Tabellenwerte sind in der Weiterentwicklung der Tauchcomputer, wie etwa beim Scubapro DC-12, integriert. Ebenso der Erkenntnis Rechnung getragen, daß auch nach Wiederholungstauchgängen mit einer Pause von mehr als zwölf Stunden noch eine erhöhte Stickstoffsättigung im Körper vorhanden ist. Durch diese Erkenntnis sind auch frühere Tauchunfälle mit einer Oberflächenpause von mehr als zwölf Stunden erklärbar geworden.

Auch bei Tauchgängen innerhalb der Nullzeit soll in **3 m** Tiefe ein **Stopp von 3 Minuten** eingehalten werden. Werden die Nullzeiten überschritten, so müssen zur Vermeidung der Druckfall-Erkrankung Austauchpausen eingehalten werden. Die Stufen hierfür sind bei 15 m, 12 m, 9 m, 6 m und 3 m Tauchtiefe. Wie lange ein Verweilen auf den jeweiligen Austauchstufen erforderlich ist, kann den Austauchtabellen entnommen werden. Diese sind zwischenzeitlich durch Tauchcomputer weitgehend ersetzt, sollten aber gerade vom Anfänger noch studiert werden, damit eine ungefähre Vorstellung der Risikobereiche möglich ist. Werden keine oder ungenügende Austauchpausen nach dem Überschreiten der Nullzeit eingehalten, so kommt es zu den bekannten Erscheinungen der Caisson-Krankheit, die bis zum Tod durch Luftembolie führen können. Mitentscheidend für das Auftreten der Caisson-Krankheit sind kleine Luftbläschen (Mikro-bläschen) in den Lungenalveolen, die das vermehrte Abatmen von Stickstoff verstärkt behindern.

Die Anzeichen der Caisson-Krankheit

Sie tritt fast immer erst an der Wasser-oberfläche, innerhalb 12 Stunden nach Beendigung des Tauchganges auf. Nachstehend sind die einzelnen Stadien des Krankheitsverlaufs aufge-zeichnet, die in leichter Form (Typ I) ohne oder in schwerer Form mit neu-rologischen Ausfällen (Typ II) auftreten können.

Hautjucken (Taucherflöhe)

Als erstes Anzeichen einer ungenügen-den Dekompression (mangelhafte An-passung an die verringerten Druckver-hältnisse) kommt es zu lokalem Jucken und Hautkribbeln. Auf der Haut zeigen sich dabei kleine rötliche Hautflecken, die sog. »Taucherflöhe«. Sie werden durch ungelöste Gasblasen in den fei-nen peripheren Blutbahnen hervorge-rufen. Bereits dieses Stadium der Cais-son-Krankheit erfordert eine Rekom-primierung (wieder unter Druck brin-gen), um Schlimmeres zu verhindern.

Bauchschmerzen

Sie machen sich vornehmlich bei fett-leibigen Tauchern bemerkbar. Wie bereits erwähnt, ist die Durchblutung des Fettgewebes schlechter als die der Muskulatur. Die entstehenden

Gasblasen werden daher im Fettge-webe schlechter abtransportiert und führen zu einer Blasenansammlung, die in diesem Bereich zu Dehnungs-schmerzen führt.

Gelenk-, Muskel- und Knochen-schmerzen (»Bends«)

Gelegentlich treten Bends auf, das sind starke rheumaartige Gelenk-schmerzen, die auch in die oberen und unteren Knochenbereiche der be-fallenen Gelenke ausstrahlen.

Als Ursache für die Bends ist eine Stickstoffansammlung in den Gelen-ken und den Muskeln anzugeben. Die Gelenke sind schlechter durchblutet als andere Gewebe; daher erfolgt der Abbau der Stickstoffblasen nur sehr langsam. Vor allem Gelenke, die bei Unterwassertätigkeit stark bewegt wurden (z. B. Knie-, Sprung-, Schulter- und Ellbogengelenke), werden bevor-zugt betroffen. Beim Befall von stark bewegten Muskeln treten neben Schmerzen auch Funktionsstörungen auf; bestimmte Muskelgruppen kön-nen dabei vorübergehend völlig aus-fallen und führen zur Bewegungsun-fähigkeit der betroffenen Körperteile. Die bei Bends auftretenden Schmer-zen können so stark werden, daß sich der Betroffene vor Schmerzen krümmt.

Lähmungserscheinungen des Nervensystems

Die Bildung von Gasblasen macht auch vor dem Zentralnervensystem

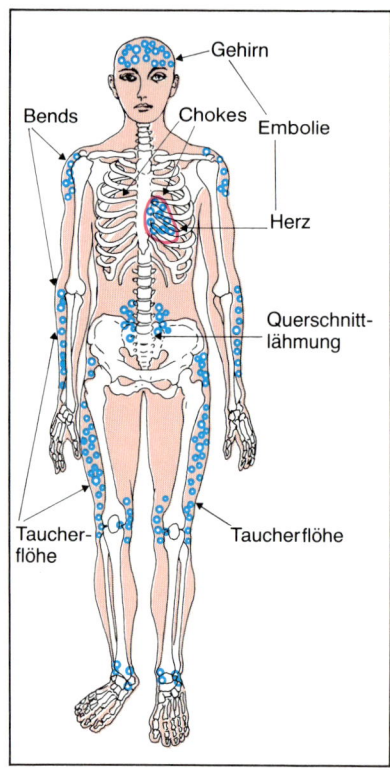

Gehirn

Bends Chokes Embolie

Herz

Querschnitt-
lähmung

Taucher-
flöhe Taucherflöhe

Auswirkungen der Caisson-Krankheit

nicht halt. Blasenbildung im Rückenmark und im Gehirn führt durch
Blockierung zu einem Ausfall be-
stimmter Nervenstränge und der von
ihnen durchzogenen Muskeln. Es tritt
dabei nicht selten eine Querschnitt-
lähmung auf. Im Gehirn können
lebenswichtige Zentren befallen werden, dies äußert sich in Halluzinationen, Erblinden und Erinnerungsver-
lust und kann schließlich zum Tod
führen.

Luftembolien (»Chokes«)

Bei grober Mißachtung der Nullzeit
bzw. der Dekompressionszeiten können sich in der Blutbahn Gasblasen
bilden, die zu den Lungen transpor-
tiert werden und hier durch Blockade
des Gasaustausches akute Atemnot
mit Hustenreiz und Beklemmung hervorrufen. Ist die in den Lungenkreislauf gelangte Gasmenge genügend
groß, so kommt es zu Bewußtlosigkeit und evtl. zum Tod durch Versagen des Herzmuskels. Gelangen die
Gasblasen über den Blutkreislauf in
die Herzkranzgefäße, so tritt ein Verschluß der Herzkranzgefäße auf, der
einen Herzinfarkt zur Folge hat.
Außerdem können sich Gasblasen
direkt im Herzen ansammeln und
den Kreislauf sofort zum Erliegen
bringen.

Prädisponierende Faktoren

Die Anfälligkeit für eine Caisson-
Krankheit wird durch einige Faktoren
begünstigt: Körperliche Belastung und
Erschöpfung, Kälte, hoher Körperfett-
anteil und verstärkter Flüssigkeitsver-
lust können das Bild der Caisson-
Krankheit mitprägen.
Auch Alter, Geschlecht und Alkohol
werden als erschwerende Faktoren
diskutiert.

Verhinderung
der Caisson-Krankheit

Um die Gefahr einer Caisson-Krankheit auszuschalten, hat man drei

Möglichkeiten: Die einfachste ist, keine Tauchtiefen über 8 bis 9 m aufzusuchen. Die zweite Möglichkeit besteht darin, daß beim Aufsuchen größerer Tauchtiefen immer innerhalb der Nullzeit aufgetaucht wird. Schließlich kann beim Überschreiten der Nullzeit ein Caisson-Unfall dadurch vermieden werden, daß die Druckentlastung langsam genug durchgeführt wird, um dem Körper die Möglichkeit der Anpassung an die verminderten Druckverhältnisse zu geben. Die dabei einzuhaltenden Austauchpausen stehen in Abhängigkeit von Tauchzeit und Tauchtiefe und können der Austauch- oder Computertabelle entnommen werden. Die vorgeschriebenen Zeiten und Tiefen sind strikt einzuhalten. Sowohl Austauchtabellen als auch Wiederholungstabellen sind hinfällig, wenn ein Tauchcomputer benützt wird.
Wird mehrmals innerhalb eines Tages getaucht, muß eine Berechnung nach Wiederholungstabellen durchgeführt werden.

Gebrauch der Austauchtabelle

Hahn (0 bis 700 m über N. N.)

Die Austauchtabelle dient dem Sporttaucher zur Ermittlung der Nullzeiten und Austauchstufen für den 1. Tauchgang (TG) sowie für Wiederholungstauchgänge (WTG). Die Tabelle gilt für Tauchtiefen von 9 m bis 63 m und ist in verschiedene Abstände unterteilt. Für jede Tiefe sind Nullzeit, Grundzeit, Dekopause und Wiederholungsgruppe angegeben.

- Als Tiefe gilt die größte erreichte Tiefe. Bei Zwischenwerten wird bei der nächstgrößeren Tiefe abgelesen.
- Die Grundzeit zählt vom Abtauchen bis zum Beginn des Aufstiegs. Bei Zwischenzeiten wird bei der nächstgrößeren Zeit abgelesen.
- Die Dekopausen schreiben Aufenthalte in verschiedenen, zunehmend flacher werdenden Tiefen vor.
- Bei starker körperlicher Anstrengung wird bei der nächstgrößeren Zeitstufe abgelesen.

Wiederholungstauchgänge erfordern einen Zeitzuschlag, der mittels einer Tabelle folgendermaßen bestimmt wird:
In der oberen Hälfte sucht man in der Zeile mit dem Buchstaben der Wiederholungsgruppe des 1. TG (B . . . G) diejenigen zwei Zeitwerte, zwischen denen die eigene Oberflächenpause liegt. Dann folgt man der senkrechten Linie zwischen diesen Werten bis zur unteren Hälfte (Pfeil). Im Kreuzungspunkt der vorgesehenen Tiefe des WTG und der Spalte unter dem Pfeil steht der Zeitzuschlag. Dieser Zeitzuschlag muß bei einem WTG zur tatsächlichen Grundzeit addiert und bei diesem größeren Wert die Dekompression sowie die weiterführende Wiederholungsgruppe ermittelt werden.

- Liegt die Tiefe des WTG zwischen zwei Werten, wird auch hier der Zeitzuschlag bei der nächstgrößeren Tiefe abgelesen.
- Flugreisen dürfen erst nach einer Oberflächenpause angetreten wer-

Taucherkrankheiten

The following tables reproduce the DECO '92 dive tables (Austauchtabelle).

Austauchtabelle DECO '92
Autor: Dr. Max Hahn
0-700 m ü. N.N.
Aufstiegsgeschwindigkeit 10 m/min

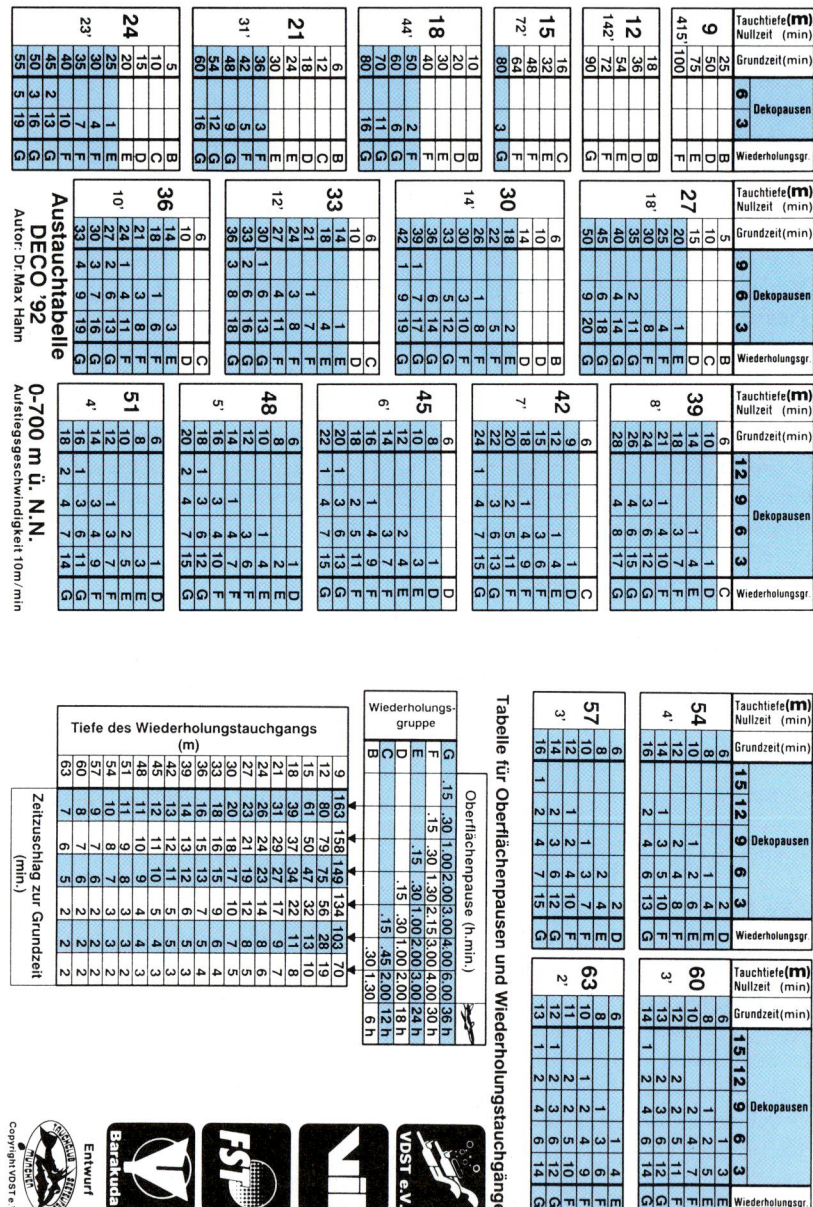

Tauchtiefe 9 m (Nullzeit 415'/142')

Tauchtiefe (m) 9 / Nullzeit (min) 415 / 142	Grundzeit (min)	Dekopausen 6 / 3	Wiederholungsgr.
	25		G
	50		F
	75		E
	100		D

Tauchtiefe 12 m (142')

Grundzeit (min)	Dekopausen 6 / 3	Wiederholungsgr.
18		G
36		F
54		E
72		D
90	3	C

Tauchtiefe 15 m (72')

Grundzeit (min)	Dekopausen 6 / 3	Wiederholungsgr.
16		G
32		F
48	2	E
64	6	D
80	16	C

Tauchtiefe 18 m (44')

Grundzeit (min)	Dekopausen 6 / 3	Wiederholungsgr.
10		G
20		F
30		E
40	5	D
50	11	C
60	20	B

Tauchtiefe 21 m (31')

Grundzeit (min)	Dekopausen 6 / 3	Wiederholungsgr.
6		G
12		F
18		E
24	3	D
30	7	C
36	12	B
42	16	—

Tauchtiefe 24 m (23')

Grundzeit (min)	Dekopausen 6 / 3	Wiederholungsgr.
5		G
10		F
15	1	E
20	3	D
25	7	C
30	13	B
35	16	
40	19	
45		
50		
55		

Tauchtiefe 27 m (18')

Grundzeit (min)	Dekopausen 9 / 6 / 3	Wiederholungsgr.
5		G
10		F
15	4	E
20	2 / 11	D
25	4 / 14	C
30	6 / 14	B
35	6 / 20	
40		
45		
50		

Tauchtiefe 30 m (14')

Grundzeit (min)	Dekopausen 9 / 6 / 3	Wiederholungsgr.
6		G
10	1	F
14	1 / 5	E
18	2 / 10	D
22	5 / 12	C
26	1 / 7 / 17	B
30	5 / 9 / 19	
33		
36		
39	3	
42		

Tauchtiefe 33 m (12')

Grundzeit (min)	Dekopausen 9 / 6 / 3	Wiederholungsgr.
6		G
10	1	F
14	3 / 8	E
18	4 / 11	D
21	3 / 7 / 14	C
24	4 / 8 / 16	B
27	1 / 6 / 9 / 18	
30		
33		
36		

Tauchtiefe 36 m (10')

Grundzeit (min)	Dekopausen 9 / 6 / 3	Wiederholungsgr.
6		C
10	3	F
14	3 / 8	E
18	1 / 6 / 13	D
21	2 / 7 / 16	
24	4 / 9 / 19	
27	2 / 6 / 13	
30	4 / 30	
33		

Tauchtiefe 39 m (8')

Grundzeit (min)	Dekopausen 12 / 9 / 6 / 3	Wiederholungsgr.
6		D
10	3	C
14	4 / 7	
18	1 / 4 / 10	
21	3 / 6 / 12	
24	4 / 8 / 15	
26	4 / 9 / 17	
28	4 / 8 / 17	

Tauchtiefe 42 m (7')

Grundzeit (min)	Dekopausen 12 / 9 / 6 / 3	Wiederholungsgr.
6		D
10	4	C
14	1 / 4 / 7	
18	2 / 5 / 11	
20	3 / 6 / 13	
22	1 / 4 / 7 / 15	
24	1 / 4 / 7 / 15	

Tauchtiefe 45 m (6')

Grundzeit (min)	Dekopausen 12 / 9 / 6 / 3	Wiederholungsgr.
6		D
10	4	C
14	2 / 4 / 7	
16	1 / 3 / 6 / 11	
18	3 / 5 / 13	
20	4 / 7 / 15	
22	4 / 7 / 15	

Tauchtiefe 48 m (5')

Grundzeit (min)	Dekopausen 12 / 9 / 6 / 3	Wiederholungsgr.
6		D
8	2	
12	1 / 3 / 6	
16	4 / 7 / 12	
18	4 / 7 / 15	
20	2 / 4 / 7 / 15	

Tauchtiefe 51 m (4')

Grundzeit (min)	Dekopausen 12 / 9 / 6 / 3	Wiederholungsgr.
6		E
8	3	E
10	2 / 5	E
12	1 / 3 / 6	E
14	1 / 4 / 9 / 11	G
16	1 / 3 / 6 / 9	
18	3 / 6 / 11 / 14	

Copyright VDST e.V.

Tabelle für Oberflächenpausen und Wiederholungstauchgänge

Tauchtiefe 54 m (4')

Grundzeit (min)	Dekopausen 15 / 12 / 9 / 6 / 3	Wiederholungsgr.
6		D
8	1	
10	2 / 4	
12	2 / 4 / 8	
14	2 / 5 / 10	
16	1 / 4 / 6 / 13	

Tauchtiefe 57 m (3')

Grundzeit (min)	Dekopausen 15 / 12 / 9 / 6 / 3	Wiederholungsgr.
6		D
8	2	
10	1 / 3 / 4	
12	1 / 3 / 5 / 7	
14	2 / 4 / 8 / 12	
16	1 / 4 / 6 / 12 / 15	

Tauchtiefe 60 m (3')

Grundzeit (min)	Dekopausen 15 / 12 / 9 / 6 / 3	Wiederholungsgr.
6		E
8	1 / 4	E
10	2 / 3 / 6	
12	2 / 5 / 9	
14	1 / 4 / 6 / 14	

Tauchtiefe 63 m (2')

Grundzeit (min)	Dekopausen 15 / 12 / 9 / 6 / 3	Wiederholungsgr.
6		F
8	1 / 4	F
10	1 / 3 / 6	
11	2 / 4 / 9	
13	1 / 3 / 6 / 14	

Wiederholungsgruppe – Oberflächenpause (h.min)

Wiederholungsgruppe	Oberflächenpause (h.min)
G	.15 / .30 / 1.00 / 2.00 / 3.00 / 4.00 / 6.00 / 36 h
F	.15 / .30 / 1.30 / 2.15 / 3.00 / 4.00 / 30 h
E	.15 / .30 / 1.00 / 2.00 / 3.00 / 24 h
D	.15 / .30 / 1.00 / 2.00 / 18 h
C	.15 / .30 / 1.00 / 12 h
B	.15 / .45 / 2.00 / 6 h
	.30 / 1.30

Tiefe des Wiederholungstauchgangs (m) / Zeitzuschlag zur Grundzeit (min.)

Tiefe des Wiederholungstauchgangs (m)	B	C	D	E	F	G
9	163	9	7	6	5	4
12	158	80	8	7	6	5
15	149	79	9	8	7	6
18	134	75	10	9	7	6
21	103	56	11	10	8	6
24	70	28	12	11	9	7
27			13	12	9	7
30			17	13	10	7
33				15	12	8
36				15	12	8
39					14	9
42					13	9
45						10
48						11
51						11
54						12
57						12
60						13
63						14

Entwurf
Barakuda
FSI
VIT
VDST e.V.

74

den, die unter Berücksichtigung der Wiederholungsgruppe in der Spalte unter dem Flugzeugsymbol zu finden ist.

Im übrigen sollte bei **allen** Tauchgängen mindestens eine Dekopause von 3 Minuten in 3 m Tiefe eingehalten werden.

Wenn die Nullzeit überschritten wird, dann müssen alle genannten Austauchstufen genau eingehalten werden, dies setzt jedoch einen genügend großen Luftvorrat für Sie und Ihren Partner voraus. Es muß daher vor jedem Tauchgang die mit dem jeweiligen Luftvorrat mögliche Tauchzeit für die aufzusuchende Tiefe errechnet und Luft für die einzelnen Austauchpausen berücksichtigt werden (siehe S. 100). Sollten notwendig werdende Austauchpausen aus Luftmangel oder sonstigen Gründen nicht eingehalten werden können, und ist eine Druckkammer nicht in erreichbarer Nähe, so besteht unter bestimmten Voraussetzungen die Möglichkeit der sog. »nassen Rekompression«, also das Wieder-unter-Druck-Bringen im Wasser. Dies muß jedoch vermieden werden, da es ein äußerst gefährliches Unterfangen darstellt.

Tiefenrausch

Die Erscheinungen des Tiefenrausches setzen meist plötzlich in Form von unkontrollierten Handlungen ab Tauchtiefen von ungefähr 30 m ein. Die Symptome ähneln denen eines Alkoholrausches: Nachlassen der Aufmerksamkeit, übersteigertes Selbstbewußtsein und Euphorie. Zeit, Tiefe und andere Begleitumstände werden außer acht gelassen; dadurch kann eine lebensgefährliche Situation herbeigeführt werden.

Die angegebene Tiefengrenze trifft nicht auf jeden Taucher gleichermaßen zu, beim Einen können erste Anzeichen bereits in 25 bis 30 m Tiefe auftreten, trainierte Taucher erkranken oft erst in größeren Tiefen. Sicher ist jedoch, daß Alkohol oder schlechtes Allgemeinbefinden vor dem Tauchen die Symptome des Tiefenrausches verstärkt und erste Anzeichen bereits in 10 bis 15 m Tiefe auftreten können. Ebenso können bestimmte Medikamente den Tiefenrausch verstärken. Von den Tauchern, die einen Tiefenrausch erlitten haben, wird über eine Einengung des Gesichtsfeldes (sog. Röhrensehen), metallischem Geschmack der Atemluft, verändertes Farbempfinden und stark vermindertes Konzentrationsvermögen berichtet. In diesem Zustand besteht höchste Gefahr des Ertrinkungstodes, da dann häufig noch tiefer getaucht wird. Über die Ursachen des Tiefenrausches herrschte lange Zeit Unklarheit. Heute weiß man, daß der erhöhte Stickstoff- oder Edelgaspartialdruck Hauptursache der erwähnten Symptome ist. Dabei werden die Umschaltstellen der Erregungsübertragung von Nerven (Synapsen) blockiert.

Die Gefahr eines Tiefenrausches läßt sich vermeiden, wenn

■ vor dem Tauchen kein Alkohol getrunken wird; auch ein feuchtfröhliches Fest am Vorabend kann eine Gefahr darstellen,

- die Tiefengrenze von 30 m nicht überschritten wird. Wer bereits in geringerer Tiefe erste Anzeichen verspürt, muß sich natürlich an diese individuelle Grenze halten,
- bei ersten Anzeichen des Tiefenrausches sofort um 10 bis 15 m höher getaucht wird. Die Symptome verschwinden dann rasch und der Tauchgang sollte zügig, unter Einhalten der erforderlichen Pausen, beendet werden.

Regelmäßiges Training mindert das Risiko des Tiefenrausches, ebenso das Tauchen mit einem Nitroxgemisch.

Temperaturschäden

Eine physiologische Reaktion des Körpers auf das Eintauchen ins Wasser stellt der **Tauchreflex** dar. Durch sensible Reizübertragungsstellen, hauptsächlich um die Mundregion und im Nackenbereich, wird eine Verengung der Blutgefäße und ein Absinken der Herzfrequenz bewirkt, der Blutdruck bleibt jedoch konstant. Dieser, aus der Entwicklungsgeschichte verbliebene Reflex, bewirkt eine Einsparung des Sauerstoffverbrauches und ist bei trainierten Tauchern besser ausgebildet als bei Untrainierten. Dieser Reflex ist jedoch nur kurzfristig und wendet Gefahren der Unterkühlung nicht ab.

Unterkühlung

Zum besseren Verständnis der Unterkühlung muß man sich den Körper in zwei Wärmezonen eingeteilt vorstellen. Die innere, sog. Kernzone umfaßt die lebenswichtigen, viel Wärme produzierenden Organe wie Herz, Nieren, Gehirn, Lunge und Verdauungstrakt. Die äußere Schalenzone wird von der Skelettmuskulatur und der Haut gebildet und hat für die Kernzone eine isolierende Funktion.

Wird dem Körper, wie es beim Tauchen der Fall ist, Wärme entzogen, so verengen sich zunächst die Blutgefäße der Schalenzone; dadurch erfolgt eine schlechtere Durchblutung und damit verbunden eine geringere Wärmeabgabe, um die Kernzone zu schützen. Bei weiterer Unterkühlung setzt das Kältezittern ein, um auf dem Weg verstärkter Muskelbewegung und der dadurch erzeugten Wärme das Wärmegleichgewicht wieder herzustellen. Dieser Vorgang hat jedoch eine stärkere Durchblutung der Schalenzone zur Folge; es wird dadurch zusätzliche Wärme an das Wasser abgegeben. Das von der Schalenzone zurückfließende Blut wird dabei weiter abgekühlt und zieht somit die Kerntemperatur in Mitleidenschaft. Wenn so die Kernzone bereits von Unterkühlung betroffen wird, ist eine kritische Grenze erreicht; bei weiterem Verweilen im Wasser steigt die Todesgefahr durch Unterkühlung rapide an. Genaue Zahlen für die Überlebenszeit lassen sich nicht angeben, da sie zu sehr von der Konstitution des Tauchers abhängig

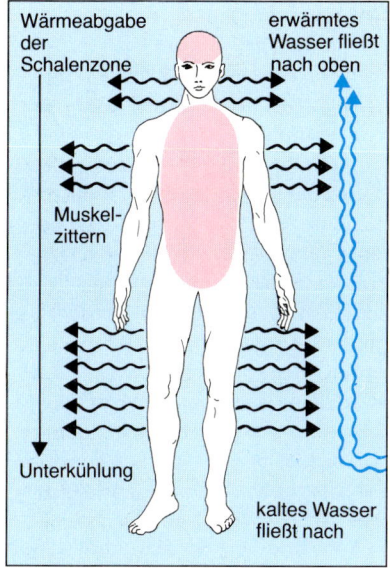

Wärmeabgabe der Schalenzone

erwärmtes Wasser fließt nach oben

Muskel-zittern

Unterkühlung

kaltes Wasser fließt nach

Kern- und Schalenzone

ren Wassertemperaturen vor dem Tauchen warmes Wasser zwischen Naßtauchanzug und Körper einzufüllen.

Zusammenfassung der wichtigsten Unterkühlungsfolgen:

- Überlebenszeit in Bekleidung bei 15 bis 20 °C Wassertemperatur: bis zu 12 Std., in Ausnahmefällen 2 bis 3 Tage.
- Überlebenszeit in Bekleidung bei 1 bis 4 °C Wassertemperatur: ca. 1 Std.; unbekleidet ca. 5 Min.

Wesentliche Vorgänge bei Absinken der Körpertemperatur durch Unterkühlung:

37 °C Kerntemperatur:	normale Körpertemperatur
34 °C Kerntemperatur:	Kältezittern, ungeordnete Reflexe
32 °C Kerntemperatur:	Bewegungsunfähigkeit, schwache Reaktion auf äußere Reize
27 °C Kerntemperatur:	Atem- und Kreislaufzentrum schwer gestört, keine Reaktionen mehr
22 °C Kerntemperatur:	Erlöschen der Eigenreflexe, Stillstand von Atmung und Kreislauf, klinischer Tod

sind. Neueste Untersuchungen zeigen, daß stark Unterkühlte eine wesentlich längere Überlebenszeit haben können als bisher angenommen. Voraussetzung ist, daß die Unterkühlung bei noch ausreichender Sauerstoffzufuhr eintritt. Eine erfolgreiche Wiederbelebung bei Unterkühlung bis etwa 22 °C ist dann manchmal noch nach 20 bis 30 Minuten Herz-Atem-Stillstand möglich! Taucher mit gut ausgebildetem Fettgewebe sind gegen Unterkühlung besser geschützt als magere Taucher, da Fettgewebe u. a. schlechter durchblutet ist und somit der Wärmeentzug durch das Wasser geringer ist. Unterkühlung kann nur durch Verwendung von Tauchanzügen vermindert werden. Es empfiehlt sich, bei sehr niede-

Nicht nur beim Tauchen, sondern auch bei anderen Seenotfällen soll unbedingt eine entsprechende Kleidung getragen bzw. anbehalten werden, um die Unterkühlungsfolgen zu mindern. Außerdem muß bei Unterkühlung im Wasser jede unnötige Bewegung vermieden werden, damit nicht zusätzlich Wärme abgegeben wird. Unterkühlte Taucher entsättigen schlechter den Stickstoff – Caisson-Gefahr!

Erste Hilfe nach Unterkühlung:
Verabreichen von warmen, alkoholfreien Getränken, Aufwärmen durch Wärmepackungen oder warmes Bad, dabei soll die Wassertemperatur langsam auf 35 bis 45 °C erhöht werden und nur auf die Kernzone einwirken. Nicht massieren oder frottieren, dadurch werden Hautschäden verstärkt.
Arme und Beine dürfen dabei nicht in das Bad mit einbezogen werden, da es durch eine reaktive Blutgefäßerweiterung zu einem plötzlichen Einströmen von kaltem Blut in den Kern kommt. Als Folge hiervon kann es zu einem Herzkammerflimmern und Herzstillstand kommen (sog. »afterdrop«).

Testfragen

1. Durch welche Fehlleistungen kommt es häufiger zu Tauchunfällen?
2. Was bezeichnet man als Barotraumen?
3. Wie kann es zum Trommelfellriß kommen und welche Folgen hat er?
4. Wie entsteht der Druckausgleich?
5. Wie wirkt sich der Druck in den Schädelhöhlen aus?
6. Warum sollen bestimmte Nahrungsmittel vor dem Tauchen gemieden werden?
7. Welche Folgen hätte das Schnorcheln mit einem Schnorchel von 1 m Länge?
8. Wovon ist die individuelle Freitauchgrenze abhängig?
9. Was versteht man unter Flachwasserbewußtlosigkeit?
10. Erklären Sie, wie es zum Kollaps unter Wasser kommen kann!
11. Welche Folgen hat Hyperventilation ohne und mit Gerät?
12. Ursachen und Folgen eines Lungenrisses?
13. Welche Sofortmaßnahmen sollen beim Lungenriß erfolgen?
14. Wie kann es zur Sauerstoff-, wie zur Kohlendioxidvergiftung kommen?
15. Welches Gas ist ursprünglich am Entstehen der Caisson-Krankheit beteiligt?
16. Nennen Sie die drei Maßnahmen, die einer Caisson-Krankheit vorbeugen!
17. Was ist »Nullzeit«, wie kann sie überschlagsmäßig berechnet werden?
18. Welche typischen Symptome zeigt die Caisson-Krankheit?
19. Wodurch entsteht und wie äußert sich der Tiefenrausch?
20. Welche Folgen hat die Unterkühlung im Wasser?

Tauchpraxis

Nachdem wir uns nun ausführlich mit der Theorie und Ausrüstung beschäftigt haben, kann es jetzt endlich ins Wasser gehen. Die ersten praktischen Erfahrungen machen Sie noch ohne Gerät, nur mit ABC-Ausrüstung.

Vorbereiten der ABC-Ausrüstung

Zunächst werden Füße und Flossen naß gemacht, sonst ist es schwierig, in die Flossen hineinzuschlüpfen. Ab jetzt sollten Sie sich merken: Mit den Flossen läuft man nicht, und wenn es wirklich erforderlich ist, dann am besten rückwärts – außer, Sie haben genügend Geld, jedes Jahr neue Flossen zu kaufen, denn beim Vorwärtslaufen bleibt das Flossenblatt leicht am Boden hängen, knickt nach hinten um und bricht sehr bald. Dabei besteht eine erhöhte Sturzgefahr. Bevor man die Brille aufsetzt, soll entweder ein Geschirrspülmittel auf der noch trockenen Brilleninnenfläche verrieben werden, oder noch einfacher, man verwendet dazu etwas Speichel. Dann wird die Brille kurz in Wasser ausgespült. Damit vermeidet man, daß die Brille unter Wasser beschlägt und die Sicht stark eingeschränkt wird. Nun macht man das Gesicht naß und entfernt damit Fettspuren, sonst ist die Brille nicht ganz dicht und läuft voll Wasser oder beschlägt.

Außerdem müssen die Haare aus dem Gesicht gestrichen werden, damit die Brille dicht anliegt.
Die Brille wird nun so über den Kopf gezogen, daß das Band knapp oberhalb der Ohren zum Hinterkopf zieht. Der Schnorchel wird seitlich zwischen Brillenband und Kopf vor dem Ohr befestigt, die Beißwarzen werden zwischen die Zähne genommen und das Mundstück fest mit den Lippen umschlossen (beim Gerätetauchen wird der Schnorchel am Körper befestigt). Wenn man jetzt durch das Mundstück atmet, sollte man sich angewöhnen, bei Schnorchel- oder Geräteatmung immer mit der **Ausatmung** zu beginnen. Mit einem kräftigen Atemstoß läßt sich noch vorhandenes oder neu eingedrungenes Wasser entfernen und man vermeidet bei der Einatmung einen heftigen Hustenreiz.
Die ersten Übungen mit Grundausrüstung erfolgen im Schwimmbad oder im flachen Freiwasser, wo Sie noch stehen können. An einer Leiter oder vom Ufer aus gelangen Sie ins Wasser, die Grundausrüstung wird oft erst angelegt, wenn Sie etwa bis zu den Hüften im Wasser sind. Den ersten Blick unter Wasser gewinnen Sie, wenn mit aufgesetzter Brille und aufrechter Körperhaltung die Knie soweit gebeugt werden, daß der Kopf knapp unter die Wasseroberfläche gelangt und der Schnorchel noch etwa 10 cm aus dem Wasser ragt. Wenn Sie so einige Zeit verweilen, können Sie bereits die ersten Eindrücke der Welt unter Wasser auf sich einwirken lassen.

79

Die Atmung durch den Schnorchel ist natürlich zunächst ungewohnt und vermutlich zu hastig, daher sollten Sie schon am Anfang einen bewußten Atemrhythmus erlernen, der später auch beim Gerätetauchen beibehalten wird. Dabei, wie auch bei allen weiteren Übungen, wird Ihnen ein erfahrener Tauchlehrer Anleitungen und wertvolle Tips geben können. Bereits bei Ihrem ersten Unterwassererlebnis kann es vorkommen, daß der Schnorchel vollläuft; Sie müssen also frühzeitig lernen, eingedrungenes Wasser aus dem Schnorchel zu entfernen. Es wird zunächst eingeatmet und die Luft angehalten, dann eine noch stärkere Hockstellung eingenommen, bis der Schnorchel ganz unter Wasser ist und vollaufen kann. Nach einigen Sekunden richten Sie sich so weit auf, bis der Schnorchel wieder über die Wasseroberfläche ragt. Das eingedrungene Wasser wird mit einem kräftigen Atemstoß entfernt, die anschließende Einatmung erfolgt langsam und vorsichtig, damit keine Wassertröpfchen in die Lunge gelangen können und einen Hustenreiz auslösen. Auch die zweite Ausatmung erfolgt nochmals kräftig, um den Schnorchel ganz leerzublasen, erst dann wird der normale Atemrhythmus wieder aufgenommen. Diese Übung wird mehrfach wiederholt, wobei Sie sich unter Wasser auch an einer Leiter festhalten können und die Tauchtiefe langsam steigern. Sind Sie damit bis in eine Tiefe von ca. 1 m vorgedrungen, kommt der Zeitpunkt, bei dem der erste Druckausgleich erforderlich wird. Der Druckausgleich ist Ihnen bereits bekannt, bei den ersten praktischen Übungen fehlt jedoch noch die Erfahrung. Wichtig ist, daß die Nase dicht mit Daumen und Zeigefinger umschlossen wird, sonst könnte durch unbeabsichtigtes Lufteinblasen in die Brille diese vom Gesicht abgehoben werden und etwas Wasser eindringen.

Die Fortbewegung im Wasser erfolgt sowohl beim Schnorcheln als auch beim Gerätetauchen ausschließlich mittels Beinbewegungen, wir müssen uns daher genauer mit der richtigen Schwimmtechnik auseinandersetzen.

Wie komme ich ins Wasser?

An der Leiter natürlich – werden Sie sagen. Aber: Nicht überall steht eine Leiter zur Verfügung, außerdem erfordert es einiges Geschick, mit angelegten Flossen ins Wasser zu gelangen. Die Flossen bleiben nämlich sehr leicht an den Sprossen hängen und es besteht die Gefahr des Ausgleitens. Deshalb sollen jetzt mehrere Möglichkeiten vorgestellt werden, mit der Tauchausrüstung ins Wasser zu gelangen.

Der aufrechte Sprung

Vom Rand aus springt man in aufrechter Haltung mit geschlossenen Beinen ins Wasser. Dabei wird die Brille mit beiden Händen festgehalten, damit sie beim Eintauchen nicht vom Gesicht gerissen wird oder durch Anschlagen an der Nase heftiges Nasenbluten entsteht.

Achten Sie darauf, daß Sie mit dem Kopf nicht am Beckenrand anschlagen, wenn der Abstand beim Eintauchen zu gering ist.

Beim Gerätetauchen hält eine Hand die Brille am Kopf; die andere Hand zieht die Gerätebänderung nach unten, damit das Flaschenventil nicht gegen den Hinterkopf schlagen kann.

Aufrechter Sprung

Der Spreizsprung

Er wird häufiger angewendet und ähnelt dem aufrechten Sprung, nur daß Sie jetzt mit einer großen Schrittbewegung ins Wasser gelangen. Auch hier Brille festhalten! Wenn der Sprung richtig ausgeführt wird, gelangen Sie in aufrechter Haltung eben bis zum Kopf ins Wasser und haben damit schnell freie Überwassersicht. Diesen Sprung führen Sie hauptsächlich von einem Fels, einer höheren Kaimauer usw. aus.

Spreizsprung

Rolle rückwärts

Dies ist die gebräuchlichste Methode und sollte daher gut trainiert werden. Anfänglich kostet es eine gewisse Überwindung, sich rückwärts ins Wasser fallen zu lassen. Zunächst muß man sich überzeugen, daß an der vorgesehenen Eintauchstelle keine Hindernisse vorhanden sind (Boot, Schwimmer, Pfahl usw.). Nun stellt man sich mit dem Rücken zum Wasser, nimmt eine Hockstellung ein und stützt beide Ellbogen knapp oberhalb der Kniescheiben auf die Oberschenkel. Brille und Automat festhalten! Anschließend läßt man sich ohne Schwung ins Wasser abrollen, wobei die Hockstellung erst aufgelöst wird, wenn der ganze Körper unter Wasser ist. Erst jetzt werden die Hände vom Brillenrand gelöst. Beachten Sie dazu die Bildserie auf der nächsten Seite.

81

Rolle
rückwärts
mit Gerät

Rolle vorwärts

Sportliche und wendige Taucher lassen sich, vor allem von etwas höheren Schiffskanten, in einer Rolle vorwärts ins Wasser fallen, der Mindestabstand Taucher/Wasseroberfläche soll dabei 1 m oder mehr betragen. Wichtig ist, daß der Taucher mit Rundrücken ins Wasser eintaucht und mit einer Hand die Brille, mit der anderen Hand die Gerätebänderung festhält. Wenn man diese Eintauchübungen mit ABC-Ausrüstung sicher beherrscht, kommt später eine Wiederholung mit angelegtem Preßluftgerät.

Flossenschwimmen

Im Unterschied zum normalen Schwimmen werden beim Flossenschwimmen die Arme nur ausnahmsweise benützt, beispielsweise beim Abtauchen. Die Vorwärtsbewegung erfolgt ausschließlich durch den Flossenschlag.

Zunächst werden die Arme locker am Körper angelegt oder nach vorne gehalten, der Anfänger kann die richtige Körperhaltung auch dadurch unterstützen, daß die Hände hinter dem Gesäß verschränkt werden. Damit entsteht ein leichtes Hohlkreuz, so daß der Kopf ermüdungsfrei schräg nach vorne gerichtet werden kann. Die Kopfhaltung ist dann richtig, wenn der Oberrand der Brille mit der Wasseroberfläche abschließt. So läßt sich einerseits die umgebende Wasseroberfläche beobachten, andterer-

82

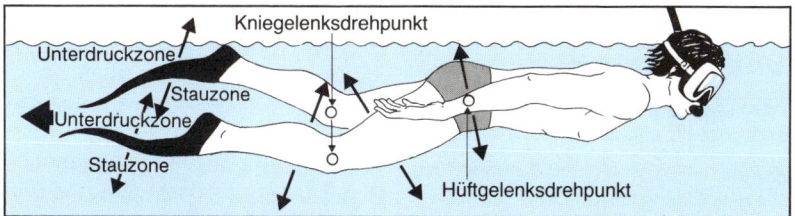

Korrekte Ausführung des Flossenschlages

seits kann man den Blick auf den Tauchgrund richten.

Beide Beine hängen leicht schräg nach unten, so daß der nun folgende Flossenschlag die Wasseroberfläche nicht durchbricht. Der Flossenbeinschlag entspricht im wesentlichen dem Kraulbeinschlag und erfolgt hauptsächlich aus der Hüfte, wobei die Kniegelenke leicht abgewinkelt werden. Die Bewegungen werden locker und ohne großen Kraftaufwand durchgeführt, denn Sie sollten in der Lage sein, mehrere hundert Meter ohne größere Ermüdung zurückzulegen. Seitliche Richtungsänderungen werden durch Neigung der Schulter und des Oberkörpers zur jeweiligen Seite durchgeführt. Soll die Tauchbewegung nach oben gerichtet sein, muß der Kopf in den Nacken gelegt werden. Um abzutauchen, d.h. für eine nach unten gerichtete Bewegung, muß das Kinn auf die Brust gezogen werden, damit ein leichter Rundrücken entsteht.

Der Flossenschlag beim Gerätetauchen wird in gleicher Weise wie beim Schnorcheln ausgeführt. Der Schlag soll ruhig und langgezogen erfolgen. Hohes Tempo unter Wasser bewirkt eine rasche Ermüdung, da sich der Wasserwiderstand bei z. B. doppelter Schwimmgeschwindigkeit vervierfacht!

Abtauchen und Auftauchen

Nachdem Sie jetzt bereits ein geübter Flossenschwimmer sind, wird es keine großen Schwierigkeiten bereiten, aus dieser Haltung heraus abzutauchen. Aus der normalen Schwimmlage knickt der Taucher mit noch angelegten Armen den Oberkörper fast rechtwinklig aus den Hüften heraus nach unten ab. Nun werden die Arme nach vorne geführt, so daß der leicht auf die Brust gezogene Kopf zwischen den gestreckten Armen liegt. Jetzt erst kommen die geschlossenen Beine gleichzeitig senkrecht nach oben. Der Körper bildet damit zur Wasseroberfläche eine Senkrechte und wird durch das Gewicht der Beine nach unten gedrückt. Damit läßt sich mühelos eine Tiefe von 2 bis 3 m erreichen. Durch einen Armzug werden die Arme wieder am Körper angelegt, wobei man vorher noch mit einer Hand den jetzt erforderlichen Druck-

1

2

3

4

ausgleich durchführt. Der Flossenschlag setzt erst ein, wenn die Beine vollständig unter Wasser sind, der Druckausgleich erfolgt ist und der Anfangsschwung nachgelassen hat.
Die Abtauchbewegung kann auch mit bereits ausgestreckten Armen eingeleitet werden.
Beim Auftauchen wird der Kopf leicht in den Nacken gelegt, damit man schräg nach oben schauen und die Wasseroberfläche beobachten kann. Kurz vor Erreichen der Oberfläche erfolgt in 3 bis 4 m Tiefe eine Drehung um die eigene Körperachse, damit die Wasseroberfläche kreisförmig in einem 360°-Winkel nach etwaigen Hindernissen oder Gefahren abgesucht werden kann.

Übungsprogramm mit der Grundausrüstung

Die nachfolgend aufgeführten Übungen sollen helfen, das eigene Können zu verbessern bzw. wieder aufzufrischen.
Bei allen Anfängerübungen soll in klarsichtigem, flachen Wasser begonnen werden. Das Ufer bzw. der Beckenrand muß dabei schnell erreichbar sein; die Gewöhnung an Tauchverhältnisse soll ohne störende Einflüsse von der Umgebung möglich sein.

1. Abtauchen vorwärts auf 5 m Tiefe, dabei Druckausgleichübung.
2. Abtauchen vorwärts auf 5 m Tiefe, dann 20 m tauchen. Die Tauchlänge soll bis auf mindestens 35 m gesteigert werden.
3. 25 m tauchen, 30 Sek. Pause, dann erneut 25 m tauchen, erneute Pause, erneut 25 m tauchen usw.
4. Abtauchen, dann mit Delphinbeinschlag mindestens 30 m tauchen.
5. Brille unter Wasser vollaufen lassen, auftauchen, erneut abtauchen, Brille leerblasen.
6. Brille und Schnorchel unter Wasser abnehmen, sofort wieder anlegen und beides ausblasen.
7. Komplette ABC-Ausrüstung unter Wasser anlegen, Tiefe dabei 4 bis 5 m.
8. Schnorcheln 250 m ohne Armbenützung, Zeitlimit 6 Min.
9. 100 m schnorcheln mit 1 Flosse. 100 m schnorcheln in Rückenlage.
10. 50 m schnorcheln mit abgesetzter Brille, dabei Augen geöffnet.
11. 250 m schnorcheln mit angelegtem Bleigurt, Gurtgewicht mindestens 3 kg.
12. Transportschwimmen mit einem zweiten Schnorchler, der einen Verunglückten darstellt. Zeit 5 min.
13. Zeittauchen: 2 bis 3 m unter der Wasseroberfläche möglichst bewegungslos verharren und die Luft erst 20, dann 30 Sek. anhalten. Steigerung bis auf mindestens 45 Sek. Deutliches Lebenszeichen vereinbaren!
14. Geschicklichkeitsübungen; Salto vorwärts und rückwärts in 2 bis

85

3 m Tiefe, mehrere Salti nacheinander, schwimmen mit Delphinbeinschlag.

15. Beim Wassertreten auf der Stelle wird ein 2 bis 3 kg schwerer Bleigurt 30 Sekunden über dem Kopf gehalten.

16. Aus Rückenlage rückwärts abtauchen. Dabei werden die Arme weit nach hinten unter die Wasseroberfläche gestreckt, der Kopf wird im Nacken überstreckt. Mit einem kräftigen Armzug werden die Arme seitlich an den Körper geführt, das Kinn wird dabei auf die Brust gezogen. Dann setzt der Flossenschlag ein.

Klarmachen des Tauchgeräts

Bisher haben Sie sich nur mit der ABC-Ausrüstung praktisch vertraut gemacht und durch entsprechende Übungen Sicherheit erworben. Jetzt steht der erste Tauchgang mit Gerät bevor, aber denken Sie daran, erst den Druckausgleich nochmals zu überprüfen, sonst sind alle weiteren Vorbereitungen umsonst.

Der erste Tauchgang mit Gerät erfolgt im Schwimmbad oder im warmen Flachwasser, ohne Anzug und Bleigurt.

Zunächst wird die gesamte Ausrüstung am Tauchplatz übersichtlich ausgebreitet. Die Tauchflasche liegt zuerst, wird dann aber so aufgestellt, daß sie möglichst nicht umfallen kann. Die Öffnung des Flaschenven-

tiles weist vom Taucher weg. Alle Handgriffe können dann aus der Position ausgeführt werden, wie das Gerät unter Wasser getragen wird. Als erstes wird der Flaschendruck durch Messung überprüft. Es läßt sich nun berechnen (siehe S. 100), ob für den geplanten Tauchgang ausreichend Luft zur Verfügung steht. Dann wird das Jacket an der Flasche fixiert. Anschließend wird der Atemregler durch Drehen am Handrad bzw. durch Zudrehen des Bügelverschlusses an das Flaschenventil angeschraubt, bis ein bündiger Schluß erreicht ist. Dies geschieht ohne Kraftaufwand, ein Werkzeug ist dazu nicht erforderlich. Aus Sicherheitsgründen werden heute zwei getrennt an der Hochdruckstufe angeschlossene Atemregler mitgeführt. Der Zweitautomat wird vor der Brust in einer Halterung so befestigt, daß er im Bedarfsfall auch mit Handschuhen sofort greifbar ist. Dann kurz bei geschlossenem Flaschenventil am Gerätemundstück saugen. Wenn jetzt Luft angesaugt werden kann, deutet dies auf eine undichte Stelle am Automaten. Wird das Gerät nicht sofort angezogen, wird es auf den Boden gelegt, die Gerätemundstücke liegen auf der Flasche, nicht am Boden (Gefahr der Verschmutzung durch Sand etc.). Nach dieser ersten Überprüfung öffnen Sie das Flaschenventil ganz, dann eine halbe Umdrehung zurück, es wird nochmals kurz aus dem Mundstück geatmet, hierbei darf sich kein erhöhter Einatemwiderstand zeigen. Beim Anlegen der

Geräte ist man sich gegenseitig behilflich.

- Schultergurte so einstellen, daß die 1. Stufe des Automaten in Höhe der Nackenbeuge ist.
- Bauchgurt schließen, dieser soll straff sitzen.
- Endgültiges Öffnen des Geräteventils.
- Anschluß des Inflators an Jacket/Weste.
- Anbringen der Zusatzgeräte am Arm oder an der Konsole (Uhr, Tiefenmesser, Computer, Finimeter).
- Überprüfen, ob sich die Schnellabwurfschließen leicht öffnen lassen.
- Der Bleigurt wird beim Anlegen eines Jacket zuerst, bei einer Rettungs-/Tarierweste zuletzt angelegt.
- Unmittelbar vor dem Tauchgang wird ein Partnercheck durchgeführt, d. h. es wird überprüft, ob der Tauchpartner vorschriftsmäßig ausgerüstet ist, ob alle Geräte funktionieren, und man macht sich mit der Funktionsweise seines Tariermittels vertraut.
- Am Wasser ABC-Ausrüstung anlegen (Brille zuvor ausspülen, Haare aus der Brille!).
- Sofort nach dem Abtauchen in 3 m nochmalige Funktionsprüfung des Atemreglers. Es werden das Finimeter, die Uhr und der Westeninflator überprüft, bzw. die Funktionsbereitschaft des Computers abgecheckt.
- Durch das Handzeichen »Alles in Ordnung« (siehe S. 96) dem Partner mitteilen, daß das Gerät funktionstüchtig ist und der Tauchgang begonnen werden kann.

Jetzt erst wird abgetaucht, wobei die ersten Minuten in Ufer- oder Bootsnähe in geringer Tiefe verbracht werden. Während dieser Zeit erfolgt eine nochmalige Überprüfung aller wesentlichen Funktionen, bevor die geplante Tauchtiefe aufgesucht wird.

Atemdisziplin

Bei der Berechnung der Tauchzeit wird von einem mittleren Durchschnittsluftverbrauch von 25 l/min, bezogen auf den Normaldruck, ausgegangen. Ob dieser Durchschnittswert für den einzelnen zutreffend ist, das heißt, ob mehr oder weniger Luft in der Minute verbraucht wird, hängt von der Atemdisziplin ab. Diese ist nicht angeboren, sie muß durch ständige Übung erlernt werden. In der Regel wird beim Anfänger der Durchschnittswert von 25 l/min erheblich überschritten, weil der Taucher ohne Erfordernis zu schnell und zu hastig atmet. So kann beobachtet werden, daß Anfänger, ohne eine Tätigkeit zu verrichten, unter Wasser doppelt oder dreimal soviel Luft brauchen wie erfahrene Taucher. Dieser hohe Luftverbrauch, der unwirtschaftlich und evtl. gefährlich ist, kann durch bewußten Atemrhythmus und Training stark gesenkt werden. Gut trainierte Taucher werden beim Aufsuchen größerer Tiefen viel seltener der Gefahr des Essoufflement und den daraus resultierenden Folgen ausgesetzt.

Die erste Einatmung erfolgt langsam und vorsichtig, zwischen jedem Ein- und Ausatemvorgang soll eine Pause von 1 bis 2 Sek. eingehalten werden. Jeder Atemzug muß bewußt und langsam durchgeführt werden. Pro Minute sollen unter Wasser nicht mehr als 8, höchstens 10 Atemzüge erfolgen, die dazwischenliegenden Pausen dienen zur Kontrolle der Atemdisziplin, die von einem erfahrenen Partner anfangs überwacht werden. Je nach Tätigkeit, Wassertiefe und Temperatur werden erhöhte Anforderungen an die Atemdisziplin gestellt: Je größer die Tiefe und je höher die Anforderungen, desto strenger die Atemdisziplin. Ein disziplinierter Taucher verbraucht bei leichter Tätigkeit ca. 15 l/min. Bei Arbeiten unter Wasser ist es natürlich, daß sich der Luftverbrauch erhöht, man sollte aber von Zeit zu Zeit kurze Arbeitspausen einlegen, die der Beruhigung der Atmung und zur Schonung des Luftvorrates dienen. Außerdem muß bei Arbeit der erhöhte Luftverbrauch in der Tauchzeitberechnung berücksichtigt werden. Der erste Freitauchgang mit Gerät erfolgt im Flachwasser, das Ufer soll in erreichbarer Nähe sein. Ihr Tauchlehrer überprüft unmittelbar vor dem Abtauchen nochmals, ob Gerät und Brille richtig angelegt wurden, dann kniet er sich auf Grund. Alle Mitglieder der Gruppe folgen nun der Reihe nach und gruppieren sich im Halbkreis, um immer gegenseitig und mit dem Tauchlehrer in Blickkontakt zu stehen. Die Gruppe sollte nicht mehr als vier Teilnehmer umfassen, bzw. im Süßwasser immer nur maximal zwei, da in Seen schlechtere Sichtverhältnisse vorherrschen als im Meer. Bereits nach den ersten Minuten unter Wasser erfolgt eine Verständigung mittels Zeichensprache, die Sie zum jetzigen Zeitpunkt beherrschen müssen (siehe S. 96). Nach einer Gewöhnungszeit mit direktem Blickkontakt zum Tauchlehrer beginnt der erste Tauchgang. Die Tauchschüler sind dabei unmittelbar hinter oder – auf jeden Fall in Seen – rechts und links vom Tauchlehrer, damit auch ein Handkontakt zum Überwinden der ersten Unsicherheit möglich ist.

Sicherheits- und Gewöhnungsübungen erfolgen bei späteren Tauchgängen, zunächst ebenfalls im Flachwasser. Eine Auswahl von Übungen ist am Ende dieses Kapitels zusammengestellt, einige wichtige Übungen werden Sie jetzt noch gesondert kennenlernen.

Brille und Automat entleeren

Tauchbrillen müssen am Gesicht vollkommen dicht anliegen, um das Eindringen des Wassers zu verhindern. Trotz einer gut sitzenden Brille kommt es immer wieder vor, daß Wasser in das Brilleninnere eindringt. Dies ist kein Grund, in Panik zu geraten oder unvermittelt aufzutauchen, wenn das Ausblasen der Brille nach regelmäßiger Übung beherrscht wird: Zunächst wird der Kopf leicht in den Nacken gelegt, so daß die Brillen-

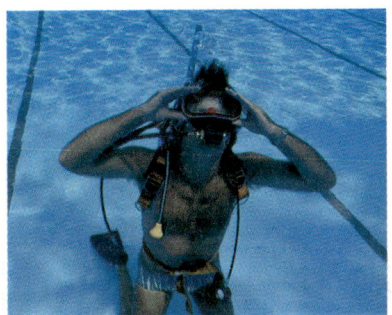

Entleeren von eingedrungenem Wasser aus der Brille

scheibe schräg zur Wasseroberfläche gerichtet ist. Dann wird der obere Brillenrand gegen die Stirn gedrückt und anschließend durch die Nase mit einem kräftigen Atemstoß in den Brilleninnenraum ausgeatmet. Die ausgeatmete Luft fängt sich in der Brille und verdrängt das eingedrungene Wasser. Bei den heute gebräuchlichen Einschlauchautomaten, bei denen sich die zweite Reduzierstufe direkt vor dem Mund befindet, kann eingedrungenes Wasser problemlos durch ausatmen oder betätigen der Luftdusche entfernt werden. Dadurch entweicht das eingedrungene Wasser über den Blasenabweiser.

Wechselatmen und Notaufstieg

Es kann unter Wasser zu Situationen kommen, in denen plötzlich keine eigene Atemluft mehr zur Verfügung steht. Diese Fälle sind selten, doch kann es immer einmal vorkommen, daß der Automat vereist, eine Dichtung plötzlich durchschlägt, das Flaschenventil undicht ist, oder Ihre Tauchzeitberechnung falsch war. Wechselatmung, Notaufstiege und Westenübungen waren bisher unverzichtbare Bestandteile der Ausbildung, werden aber wegen möglicher Eigengefährdung heute kritisch gese-

Übung der Wechselatmung

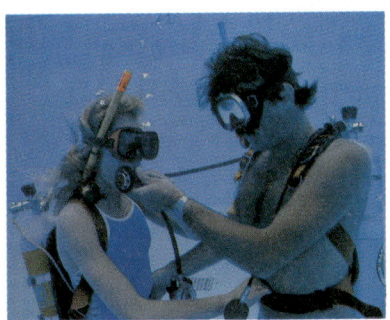

Schwimmen mit
Wechselatmung

hen, sollten m. E. jedoch bei entsprechender Vorsicht weiter Bestandteil der Ausbildung bleiben.

Zunächst zeigt man dem Partner durch das entsprechende Handzeichen »Luftnot – bitte Wechselatmen« an, daß man Hilfe braucht. Beide Tauchpartner begeben sich nun auf gleiche Höhe und halten sich gegenseitig an der Gerätebänderung mit einer Hand fest. Dann reicht der Partner sein Mundstück und man macht einen oder zwei Atemzüge, beginnend mit der Ausatmung. Anschließend gibt man das Mundstück dem Partner vor den Mund zurück. Dieser macht ebenfalls einen oder zwei Atemzüge und das Spiel beginnt erneut. Nachdem man so einige Zeit in gleicher Tiefe geatmet hat, beginnt man unter wechselseitiger Atmung zur Oberfläche aufzusteigen, vorausgesetzt, man befindet sich innerhalb der Nullzeit. Anderenfalls muß man die entsprechenden Austauchpausen einhalten. Dies wird dann problematisch, wenn im Gerät des Partners nicht mehr genügend Luft vorhanden ist.

In gleicher Weise wird der Gebrauch des Zweitautomaten geübt. Durch die Verwendung des Zweitautomaten sind Notaufstiege (und damit deren Übung) kaum mehr erforderlich. Ist kein Zweitautomat verfügbar, können trotzdem beim Versagen des Automaten noch einige Atemzüge durchgeführt werden, weil die in den Automatenteilen und im Tauchgerät noch vorhandene Restluft sich beim Höhertauchen ausdehnt. Daher: Automat unbedingt im Mund lassen!

Steht tatsächlich keine Restluft mehr zur Verfügung, muß ein Notaufstieg erfolgen. Man strebt mit kräftigem Flossenschlag der Oberfläche entgegen, wobei ständig Luft abgelassen werden muß, um einen Lungenriß zu vermeiden.

Da Notaufstiegsübungen in Kritik geraten sind, sollte es der Verantwortung des Tauchlehrers überlassen bleiben, ob er diese Übungen durchführt. Verzögerte Aufstiegsübungen aus etwa 5 m Tiefe können das Risiko weitgehend ausschalten und mindern das Risiko im Ernstfall, wenn Angst und Panik den Taucher geradezu verleiten, die Luft reflektorisch anzuhalten.

Bei jedem geplanten oder echten Notaufstieg muß jedoch mitberücksichtigt werden, daß ein Notaufstieg, selbst wenn er vorschriftsmäßig ausgeführt wird, nur dann folgenlos verläuft, wenn man sich innerhalb der Nullzeit befindet. Ist diese überschritten, so ist die Caisson-Krankheit mit all ihren Folgen unausweichlich. Daher:

Immer in der Nullzeit bleiben!

Wird der Notaufstieg aus einer größeren Tiefe durchgeführt, beispielsweise aus 20 oder 30 m, so strebt der Taucher mit immer größerer Geschwindigkeit der Wasseroberfläche zu, je höher er nach oben gelangt ist. Die normale Aufstiegsgeschwindigkeit beträgt maximal 10 m/min. Bei einem unkontrollierten Notaufstieg kann eine Geschwindigkeit bis zu 60 m/min erreicht werden. Durch diese plötzliche starke Druckentlastung kann es zu erheblichen Schwierigkeiten bei der Regulation des Kreislaufs kommen, sogar Luftembolien können, trotz korrekter Ausatmung, auftreten. Daher ist es empfehlenswert, den schnellen Aufstieg in 12 bis 15 m abzubremsen und langsam aufzusteigen. Meist gibt der Automat dann noch einige Atemzüge Luft frei.

Da sich ein wirklicher Notaufstieg nie im voraus planen läßt und es gelegentlich doch vorkommt, daß die Nullzeit überschritten wird, hat es sich bewährt, zur Vermeidung eines Caisson-Unfalls beim Aufsuchen größerer Tiefen ein **Reservegerät** in Höhe der ersten Austauchstufe an einem Grundtau zu befestigen.

Ab- und Anlegen des Geräts unter Wasser

Auch diese Übung wird zunächst im Schwimmbad, ca. 3 bis 4 m tief, durchgeführt. Man kniet auf dem Beckenboden und öffnet die Schnellabwurfschließe der Gerätebänderung. Nun lockert man die beiden Schultergurte und schlüpft zuerst mit dem linken Arm aus der Bänderung. Dann greift die rechte Hand nach hinten unter das Gerät und, unterstützt durch die linke Hand, die den rechten Schultergurt erfaßt, wird das Gerät nach vorne auf den Boden gelegt, wobei das Automatenmundstück noch im Mund behalten wird. Vor dem Auftauchen wird das Flaschenventil geschlossen. Nun wird das Gerät in umgekehrter Reihenfolge wieder angelegt. Denken Sie daran: **Unbe-**

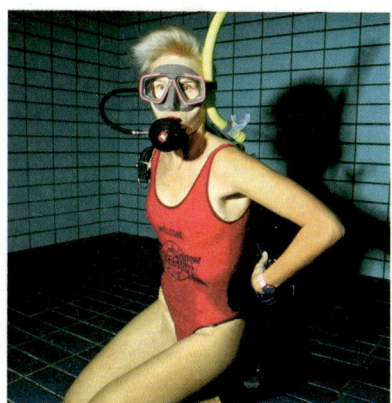

Gerät ablegen 1   2

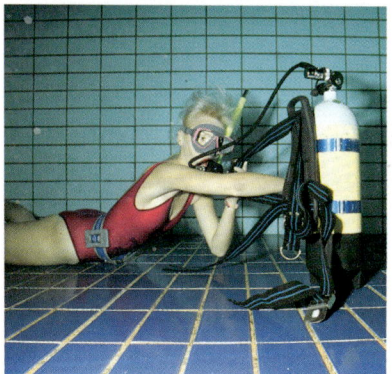

Gerät anlegen 1   2

dingt beim Aufstieg ausatmen, sonst droht ein Lungenriß! An der Wasseroberfläche angelangt, atmet man zunächst einige Zeit durch den Schnorchel. Dann wird abgetaucht und als erstes die Flasche wieder aufgedreht. Nachdem nun das Mundstück wieder aufgenommen wurde, kniet oder legt man sich vor das aufrecht hingestellte Tauchgerät. Man schlüpft zuerst mit dem rechten Arm in die rechte Bänderung und läßt das Gerät mit etwas Schwung auf den Rücken gleiten. Danach folgt der linke Arm, die Bänderung wird festgezogen und der Bauchgurt geschlossen. Diese Übung dient hauptsächlich der Schulung der Geschicklichkeit. In der Praxis kommt es selten vor, daß das Gerät unter Wasser gewechselt oder abgelegt wird.

Oft ist es jedoch erforderlich, das

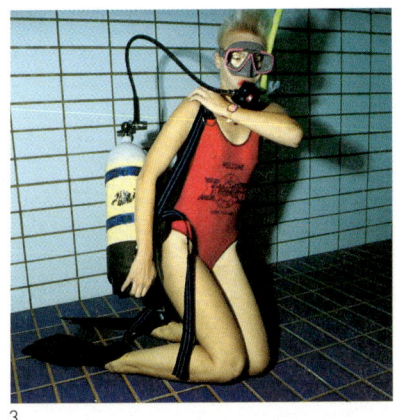

3

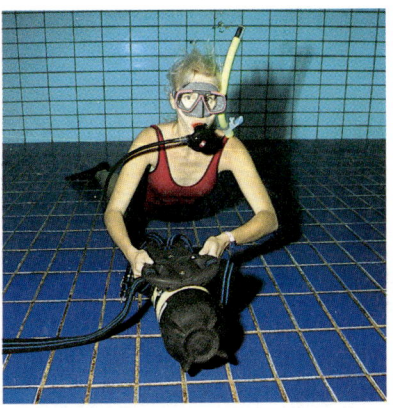

4

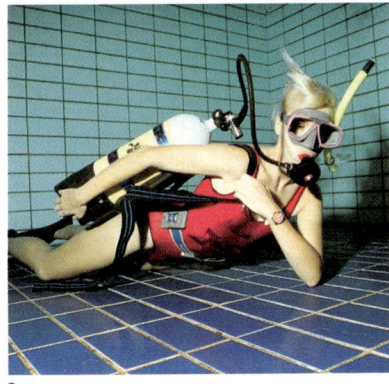

3

4

Gerät am Ende des Tauchganges ab-
zunehmen, damit es vom Taucher ins
Boot gehoben werden kann. An der
Wasseroberfläche angelangt, bleibt
der Automat im Mund und die Brille
auf dem Gesicht. Die Weste bzw. das
Jacket wird gefüllt, dann wird der
Bleigurt abgenommen und der Begleitperson im Boot übergeben.
Lockern Sie nun die Gerätebänderung, dann öffnen Sie den Bauchgurt.

Mit einer seitlichen Drehung (immer
zu der dem Automatenschlauch ab-
gewandten Seite) schlüpfen Sie
zunächst aus einem Armgurt, dann
aus dem zweiten. Gerät und Jacket
haben genügend Auftrieb, so daß sie
an der Oberfläche schwimmen. Der
Atemregler bleibt weiterhin im Mund.
Erst wenn der Bootsrand oder die Leiter erreicht und mit der Hand gehalten werden kann, wird das Gerät

dem oben befindlichen Helfer mit dem Ventil nach oben übergeben. Nun erfolgt der Wechsel von Geräte- auf Schnorchelatmung.

Gebrauch von Weste und Jacket

Über den Aufbau des Stabilizing-Jackets bzw. der Rettungs-/Tarierweste sind Sie informiert; nun sollen Sie den Umgang damit erlernen.
Im Gefahrenfall müssen Sie sich evtl. schnell von Ihrem Bleigurt trennen. Gerät und Auftriebshilfe werden Sie jedoch immer behalten.
Hauptproblem des Anfängers oder wenig routinierten Tauchers ist das Tarieren, dies geschieht fast ausschließlich über den Inflator Ihrer Auftriebshilfe, zu Übungszwecken kann aber auch die Tarierung über die Ausatmung in das Westenmundstück erfolgen. Dabei nimmt man nach einer Einatmung den Lungenautomat heraus und das Westenmundstück in den Mund. Durch die jetzt folgende Ausatmung füllt sich die Weste teilweise und gibt bei der nächsten Einatmung Auftrieb. Der Lungenautomat wird nun wieder in den Mund genommen, das Westenmundstück über den Kopf gehalten und der Luftknopf betätigt. Die Luft aus der Weste entweicht und man sinkt wieder zu Boden. So lernt man, das Gewicht über die Atmung auszutarieren.
Die gleiche Übung wird später modifiziert, indem über den Inflator Luft zugeführt wird; nach Erreichen des Auftriebs wird die überschüssige Luft

dann über ein durch Fingerdruck zu betätigendes Luftablaßventil stufenweise wieder abgelassen, bis ein Schwebezustand erreicht ist.
Diese Übung sollte häufig durchgeführt werden, damit unter verschiedenen Bedingungen das Gefühl für den hydrostatischen Gleichgewichtszustand erreicht wird.
Nach den DIN-Normen müssen Westen mit einem Inflator ausgerüstet sein, die Atmung aus der Weste darf nicht mehr möglich sein. Wenn die Weste plötzlich prall gefüllt wird und durch den folgenden raschen Aufstieg die Luft in der Weste zusätzlich ausgedehnt wird, entsteht Überdruck in der Weste. Damit diese nicht platzt und der Aufstieg nicht zu schnell erfolgt, ist ein Überdruckventil vorhanden, welches die überschüssige Luft entweichen läßt. Es ist daher nötig, vor dem Tauchgang das Überdruckventil auf seine Funktion zu überprüfen.
Auch beim Aufstieg mit der Weste dürfen Sie auf keinen Fall vergessen, auszuatmen, um einen Lungenriß zu vermeiden.
Wenn man mit prall gefüllter Weste zur Oberfläche steigt, kann durch den Westeninnendruck der Hals zusammengepreßt und in den Halsausschnitt gedrückt werden. Zusätzlich kann dabei der Automat aus dem Mund gedrückt werden. Dies kann bei einem modernen Jacket nicht passieren. Deshalb muß nochmals etwas Luft abgelassen werden; eine dreiviertel gefüllte Weste genügt vollkommen, um den Kopf auch bei Bewußtlosigkeit über Wasser zu halten.

Zeichensprache

Eine normale Verständigung ist unter Wasser nicht möglich, man hat sich daher auf bestimmte Zeichen, meist Handzeichen, geeinigt. Diese Zeichen dürfen nur in der angegebenen Form verwendet werden (siehe folgende Seite), wobei es jedem Taucher natürlich freisteht, mit dem Partner zusätzliche Zeichen für andere Zwecke zu vereinbaren. Jedes Zeichen muß vom Partner beantwortet bzw. bestätigt werden. Ist dies nach nochmaliger Zeichenwiederholung nicht der Fall, ist davon auszugehen, daß der Taucher nicht mehr im Vollbesitz seiner Kräfte ist und damit sofort Hilfe braucht! Allgemeine Verhaltensregel unter Wasser: **Eine Gruppe bleibt immer auf Sichtweite zusammen.** Sollten sich die Tauchpartner trotzdem aus den Augen verloren haben, dann klopft man zunächst mit dem Messergriff gegen die Tauchflasche. Da Wasser den Schall gut leitet, läßt sich das Klopfzeichen über größere Entfernungen hören und so die Aufmerksamkeit des verlorenen Tauchers erregen. Ist dies jedoch nicht der Fall, dann heißt es, **unverzüglich aufzutauchen.** Wenn sich alle Taucher an diese Regel halten, trifft man sich wieder an der Oberfläche bzw. stellt fest, wer fehlt. Die Position des dann noch fehlenden Tauchers läßt sich eventuell durch die an der Wasseroberfläche sichtbar aufsteigenden Luftblasen bestimmen. Das Erkennen der aufsteigenden Luftblasen wird durch einen erhöhten Standpunkt (Schiff) erleichtert.

Man kann natürlich auch vor dem Aufstieg kurz die nähere Umgebung absuchen; es könnte sein, daß der Partner einige Meter höher getaucht ist oder hinter einer Riffkante etwas Interessantes entdeckt hat. Keinesfalls darf man jedoch eine längere Suche beginnen, sonst entfernt man sich zu weit voneinander und gerät in Panik.

Übungsprogramm mit dem Tauchgerät

Aus der Vielzahl der Geräteübungen sind hier einige Beispiele aufgeführt, die sich natürlich variieren und beliebig erweitern lassen.

1. Rückwärts abrollen oder Spreizsprung mit Gerät ins Wasser. Dabei Brille und Gerät festhalten.
2. Schnorcheln mit Gerät, dabei wird das Gerätemundstück nicht in den Mund genommen, es wird über den Schnorchel geatmet.
3. Im Flachwasser ca. 1 m unter der Wasseroberfläche Gewöhnung an die Geräteatmung, mindestens 10 Min. lang.
4. Nach Gerätegewöhnung mindestens 50 m Ortsveränderung unter Wasser, Tauchtiefe 3 bis 4 m. Am Ende Herausnehmen des Gerätemundstücks, 10 Sek. Luft anhalten, dann das Mundstück wieder in den Mund nehmen.
5. Abtauchen mit Gerät auf eine Tiefe von 5 m, dann wieder auftauchen. Beim Auftauchen Kopf in den Nacken legen und Drehung

Tauchpraxis

Pflichtzeichen

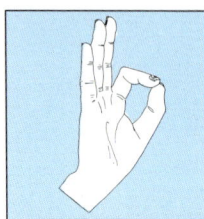

»Alles in Ordnung« oder
»Ist alles in Ordnung?«
oder »Verstanden«

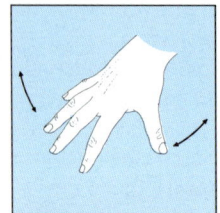

»Irgend etwas stimmt
nicht«

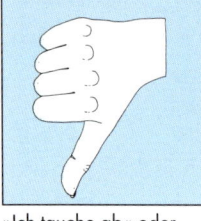

»Ich tauche ab« oder
»Taucht ab«

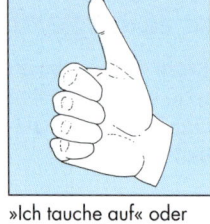

»Ich tauche auf« oder
»Taucht auf«

»Ich kann meine Reserve
nicht öffnen« oder
»Öffnet meine Reserve«

»Ich bin auf Reserve«

»Notzustand«

»Ich habe keine Luft
mehr«

Neben diesen Zeichen
sind noch folgende zwei
Lichtsignale als Pflicht-
zeichen vorgeschrieben:

»Alles in Ordnung«
(Kreisende Bewegung mit
der Lampe)

»Irgend etwas stimmt nicht«,
»Not«, »Gefahr«
(Auf und ab mit der Lampe)

Diese Taucher-Licht-
signale werden vorwie-
gend bei Nacht unter
Wasser sowie in unsich-
tigen Gewässern ge-
geben.
Achtung: Tauchpartner
nicht durch Anleuchten
blenden!

Zusatzzeichen

»Ich«

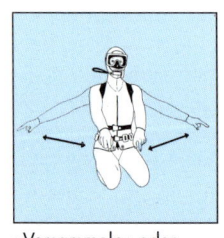

»Du« oder »da«

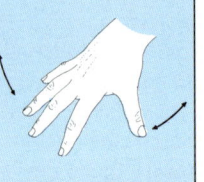

»Versammeln« oder
»Zusammenkommen«

»Halt« oder »Achtung«

des Körpers um die Achse, damit die Wasseroberfläche beobachtet werden kann.

6. Abtauchen auf ca. 5 m, dort mit Partner Unterhaltung in Zeichensprache, nach 10minütigem Tauchen Brille fluten, anschließend ausblasen.

7. Unter Wasser in ca. 5 m Tiefe Brille absetzen, gleichzeitig Mundstück herausnehmen, Brille aufsetzen und ausblasen, dann Mundstück wieder aufnehmen und atmen.

8. In 2 bis 3 m Tiefe Mundstück aus dem Mund nehmen, Mund öffnen und auftauchen. Während des gesamten Auftauchvorgangs muß Luft abgelassen werden. Steigerung der Tiefe, aus der dieser Notaufstieg geübt wird. Äußerste Vorsicht bei dieser Übung – akute Gefahr der Lungenüberdehnung!

9. In geringer Tiefe wechselatmen zu zweit aus einem Gerät mindestens 5 Min. lang. Wechselatmung in größerer Tiefe. Wechselatmung zu dritt oder zu viert aus einem Gerät.

10. Vier Taucher setzen sich in einem Viereck auf den Grund, Tauchtiefe 4 bis 5 m, Entfernung der Taucher voneinander jeweils ca. 20 m. Ein Taucher verläßt nun seinen Platz, nimmt das Mundstück heraus und taucht zum nächstsitzenden Taucher. Mit diesem zweimal wechselatmen, dann weiter zum nächsten Taucher usw.

11. Austarieren mit der Rettungsweste. Der Taucher nimmt etwas mehr Blei mit, als er benötigt, und gleicht sein zusätzliches Gewicht durch vorsichtiges Aufblasen der Weste aus. Dabei wird die Weste zuerst über den Inflator, bei Wiederholung der Übung über das Westenmundstück gefüllt.

12. In ca. 5 m Tiefe tauschen zwei Taucher Tauchgerät und Brille.

13. Bergung eines komplett ausgerüsteten Tauchers aus 5 m Tiefe, später, im Freiwasser, steigern auf 20 bis 25 m.

14. Tauchen nach einem vorher festgelegten Kompaßkurs. Mindestentfernung unter Wasser 300 m.

Knoten

Als Taucher macht man mit dem Boot viele lohnenswerte Tauchfahrten. Selbst ohne Ausbildung im Bootsfahren muß der Taucher einige Knoten beherrschen, um beim Manövrieren mithelfen zu können. Wird mit Buddy-Leine zwischen 2 Tauchern getaucht (dies ist eine 1 bis 2 m lange reißfeste Leine), so wird, ebenso wie beim Tauchen mit Sicherheitsleine von außen, der Palstek verwendet. Diesen und noch einige gebräuchliche Knoten sollte man daher beherrschen und regelmäßig üben. Beachten Sie die auf der nächsten Seite dargestellten Knoten.

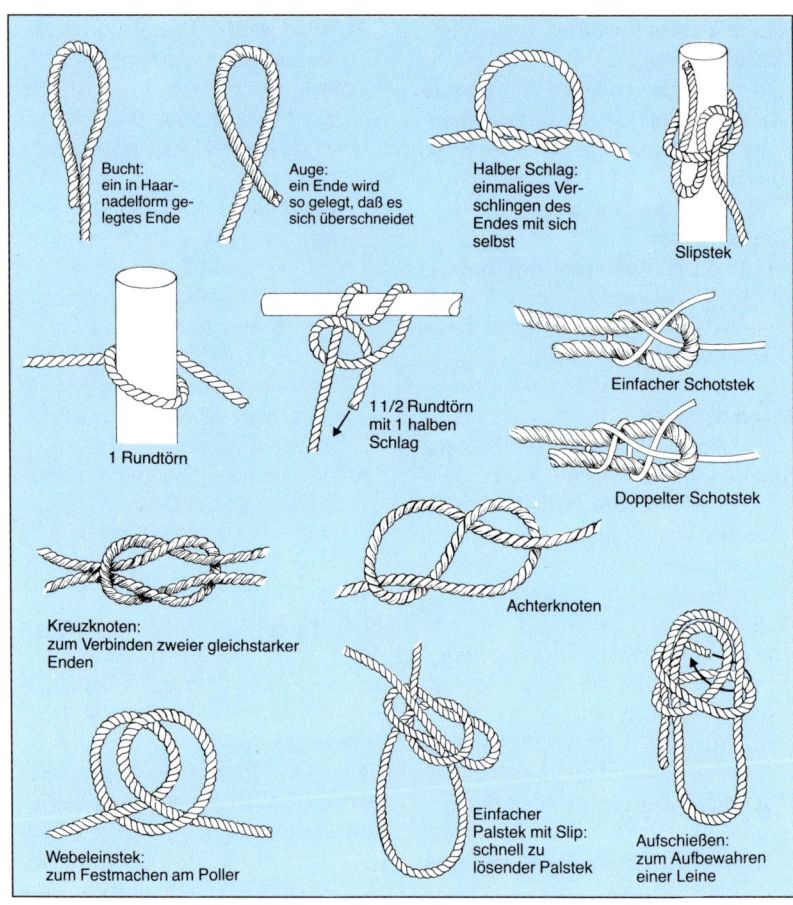

Bucht:
ein in Haar-
nadelform ge-
legtes Ende

Auge:
ein Ende wird
so gelegt, daß es
sich überschneidet

Halber Schlag:
einmaliges Ver-
schlingen des
Endes mit sich
selbst

Slipstek

1 Rundtörn

1 1/2 Rundtörn
mit 1 halben
Schlag

Einfacher Schotstek

Doppelter Schotstek

Achterknoten

Kreuzknoten:
zum Verbinden zweier gleichstarker
Enden

Webeleinstek:
zum Festmachen am Poller

Einfacher
Palstek mit Slip:
schnell zu
lösender Palstek

Aufschießen:
zum Aufbewahren
einer Leine

Anwendung der einzelnen Knoten

Bucht, Auge und halber Schlag:
Sie dienen zur Vorbereitung bzw. in Kombination mit anderen Knoten.

Slipstek:
Zum kurzfristigen Belegen eines Bootes, schnell lösbar.

Webeleinenstek:
Aus zwei übereinandergelegten Augen, zum Festmachen am Poller.

Palstek:
Damit wird ein Auge gebildet, das sich nicht zusammenziehen läßt, er dient als Leinensicherung am Körper oder zum Belegen am Poller.

Rundtörn und Rundtörn mit halbem Schlag:
Ein um ein dünnes Rundholz gelegtes Auge, das jedoch ohne Hinzufügen eines halben oder zwei halber Schläge nicht hält.

Kreuzknoten:
Er dient zum Verbinden zweier gleich starker Tampenenden und muß häufig zum Belegen eines Bootes bei starker See verwendet werden.

Achterknoten:
Durchführen des Tampenendes unter dem Auge und wieder Rückführung von oben durch das Auge; er verhindert das Durchgleiten eines Endes z. B. durch die Hand.

Schotsteke:
Mit dem einfachen oder doppelten Schotstek werden Tampen verschiedener Stärke miteinander verbunden.

Testfragen

1. Wie läßt sich das Beschlagen der Brille vermeiden?
2. Warum ist beim Tauchen der erste Atemvorgang die Ausatmung?
3. Was muß bei jedem Sprung in das Wasser beachtet werden?
4. Beschreibe die richtige Körperhaltung beim Flossenschwimmen.
5. Wie wird richtig abgetaucht?
6. Was ist beim Klarmachen des Tauchgerätes alles zu beachten?
7. Wie kann frühzeitig Atemdisziplin gelernt werden?
8. Wie läßt sich Wasser aus Brille und Automat entfernen?
9. Was muß beim Notaufstieg unbedingt beachtet werden?
10. Wie wird das Tauchgerät ab- und angelegt?
11. Welche Funktionen haben Rettungsweste/Jacket?
12. Was ist ein Inflator?
13. Wie verhält man sich, wenn man den Partner unter Wasser verloren hat?
14. Warum müssen alle Unterwasserzeichen beantwortet werden?
15. Wozu dient der Kreuzknoten?
16. Wann wird der Palstek verwendet?

Planung eines Tauchganges

Während der bisherigen Übungen haben Sie die notwendigen Sicherheitsmaßnahmen praktisch erlernt; es kommt jetzt der Zeitpunkt des ersten größeren Tauchgangs im Freiwasser. Jeder Tauchgang muß sorgfältig geplant sein. Verlassen Sie sich erst auf Computer, wenn Sie die Tauchzeitberechnungen beherrschen!
Zuerst müssen Sie sich mit Ihren Tauchpartnern über Tauchtiefe und Tauchzeit einigen und das Vereinbarte später im Wasser auch einhalten. Von Tauchtiefe und Zeit hängt die benötigte Luftmenge ab, daher muß vor jedem Tauchgang eine Tauchzeitberechnung durchgeführt werden. Zwei Überlegungen stehen dabei im Vordergrund:

- Kann der geplante Tauchgang von allen Tauchern der Gruppe dem Luftvorrat entsprechend durchgeführt werden?
- Könnte mit dem errechneten Luftvorrat die Nullzeit überschritten werden und wenn ja, steht dann noch genügend Luft für Austauchpausen zur Verfügung?

Tauchzeitberechnung

Zur Berechnung der Tauchzeit müssen bekannt sein:
- Fülldruck des Gerätes (bar),
- Flaschengröße (l),
- Tauchtiefe (m),
- Atemminutenvolumen (l/min).

Der Fülldruck eines Gerätes ist über ein Handmanometer, ein Finimeter, oder den Luftverbrauch-integrierten Computer ablesbar. Das Tauchgerät soll vor dem Ablesen des Drucks nicht in der prallen Sonne liegen oder vom Füllen noch erwärmt sein. Erhöhte Temperatur bringt eine Druckerhöhung mit sich und ergibt falsche Werte für die Tauchzeitberechnung. Daher: Flaschen vor Druckmessung im Wasser abkühlen!

Zur eigenen Sicherheit wird vom gemessenen Druck die Reserve abgezogen, normalerweise 20 % des zulässigen Fülldruckes.

Die Flaschengröße, also das Volumen des Gerätes, läßt sich oben an der Flaschenschulter ablesen; bei einem Doppelflaschengerät muß man natürlich das Volumen beider Flaschen addieren.

Die maximal aufzusuchende Tauchtiefe wird vor dem Tauchgang festgelegt. In den meisten Ländern sind heute nur noch 30 m Tiefe erlaubt.

Der persönliche Luftverbrauch ist für jeden Taucher individuell verschieden und abhängig von mehreren Faktoren: Trainingszustand, Nervosität, Alter, vorher durchgemachte Erkrankungen, Zigarettenkonsum usw. Zusätzlich ist der Verbrauch abhängig davon, ob unter Wasser gearbeitet wird (Bergung eines Ankers) oder nur eine leichte Tätigkeit wie Filmen oder Fotografieren ausgeführt wird. Die Größe der Vitalkapazität spielt beim Verbrauch keine Rolle!

Bevor Sie lernen, wie der persönliche Verbrauch errechnet wird, können Sie als Faustregel ein Atemminutenvolumen (AMV) von 25 l, bezogen auf Oberflächenverbrauch, einsetzen.

Beispiel: Um 10 Uhr soll ein Tauchgang auf 30 m Tiefe in einem Gewässer unter 700 m N. N. unternommen werden. Zur Verfügung steht ein PTG mit 10 l Volumen und 190 bar Fülldruck. Wie lange kann bei einem AMV von 25 l getaucht werden?
- Die Reserveluft (40 bar × Flaschenvolumen) wird abgezogen.
- Der Atemregler setzt immer proportional dem Umgebungsdruck Luft frei.

Zur Verfügung stehende Luftmenge: (190 bar–40 bar) × 10 l = 1500 bar l. Freigesetzte Luftmenge in 30 m Tiefe: Druck in 30 m ≙ 4 bar, der Automat setzt die 4fache Menge der an der Oberfläche erforderlichen Luft frei.

Formel: Tauchzeit (TZ) =

$$TZ = \frac{(Fülldruck - Reserve) \times Flaschenvol.}{AMV \times Gesamtdruck}$$

$$TZ = \frac{(190 \text{ bar} - 40 \text{ bar}) \times 10 \text{ l}}{25 \text{ l/min} \times 4 \text{ bar}} = 15 \text{ min}$$

Wie wir wissen, ist ein Sicherheitsstopp von 3 Minuten auf 3 m immer erforderlich, unsere tatsächliche zur Verfügung stehende Grundzeit beträgt daher 12 Minuten.
Anhand der Tabelle auf S. 74 läßt sich bei dieser Tiefe ablesen, daß ein Dekostopp von 2 Minuten auf 3 m erforderlich ist, der Tauchgang ist der Wiederholungsgruppe E zuzuordnen. Um 13.20 Uhr möchte der Taucher einen erneuten Tauchgang durchführen, diesmal 15 Minuten auf 27 m, das 10-l-PTG ist mit 220 bar gefüllt.

■ Ist der Tauchgang bei diesen Gegebenheiten möglich?
■ Welcher Zeitzuschlag muß erfolgen und welcher Wiederholungsgruppe ist dieser zweite Tauchgang dann zuzuordnen?
■ Sind Austauchpausen einzuhalten, und wenn ja, genügt die Luft?

1. $\frac{(220 \text{ bar} - 40 \text{ bar}) \times 10 \text{ l}}{25 \text{ l/min} \times 3,7 \text{ bar}} = 19,5 \text{ min}$
   damit ist ein Tauchgang von 15 Minuten möglich.
2. Zwischen dem Ende des ersten und dem Beginn des zweiten Tauchganges sind 3.05 Stunden vergangen. In der Oberflächenpausentabelle findet sich für mehr als 3 Stunden Pause bei Wiederholungsgruppe E

für 27 m ein Zeitzuschlag von 5 Minuten. Die Tabelle zeigt nun, daß für diesen Wiederholungstauchgang auf Grund des Zeitzuschlages so getaucht werden muß, wie wenn der Tauchgang 20 Minuten auf 27 m erfolgen würde. Dieser Tauchgang muß deshalb der Wiederholungsgruppe E zugeordnet werden.

3. Anhand des so erstellten Tauchgangprofils des zweiten Tauchganges zeigt sich, daß eine Austauchpause von 1 Minute auf 3 m auf alle Fälle erforderlich ist. Mit dem vorher berechneten Luftvorrat wäre eine Tauchzeit von 19,5 Minuten möglich, bei 15 Minuten Tauchzeit und Zuschlag von 1 Minute für den Dekostopp genügt also die zur Verfügung stehende Luftmenge.

Merke: Der erste Tauchgang soll immer in die größere Tiefe führen. Bei zwei oder mehr Tauchgängen innerhalb eines Tages verbleibt eine Reststickstoffmenge im Körper, die es erforderlich macht, daß nach Austauchtabellen mit Wiederholungsberechnungen getaucht wird.

Berechnung des persönlichen Luftverbrauches

Bisher wurde von einem Atemminutenvolumen (AMV) von 25 l/min ausgegangen. Wir wissen, daß der Luftverbrauch von verschiedenen Faktoren abhängig ist. Jeder Taucher muß daher sein individuelles AMV, einmal bei leichter, zum anderen bei mittelschwerer Tätigkeit, errechnen können. Um einen für jede Tauchtiefe vergleichbaren Wert zu erhalten, wird als Bezugsgröße die Wasseroberfläche genommen, also der Verbrauch, den der Taucher hier gehabt hätte.

Es muß bekannt sein:
- Fülldruck (bar),
- Restdruck (bar),
- Flaschenvolumen (l),
- Tauchzeit (min),
- Gesamtdruck (bar).

$$AMV = \frac{(\text{Fülldruck}-\text{Restdruck}) \times \text{Flaschenvol.}}{\text{Tauchzeit} \times \text{Gesamtdruck}}$$

Beispiel: Welches Atemminutenvolumen, bezogen auf die Oberfläche, hat ein Taucher bei folgenden Gegebenheiten:
- Fülldruck 200 bar,
- Restdruck 110 bar,
- Flaschenvolumen 10 l,
- Tauchzeit 15 min,
- Tauchtiefe 20 m ($\triangleq$ 3 bar Gesamtdruck).

$$AMV = \frac{(200 \text{ bar}-110 \text{ bar}) \times 10 \text{ l}}{15 \text{ min} \times 3 \text{ bar}} = 20 \text{ l/min}$$

Seemannschaft

Da die meisten Tauchziele mit Schiff oder Schlauchboot angesteuert werden, sind für den Taucher einige seemännische Grundkenntnisse erforderlich:

- Für großräumigere Tauchgebiete sollte eine Seekarte vorliegen. Entfernungen sind auf der Karte in Seemeilen (1 sm = 1852 m $\triangleq$ 1 Knoten) angegeben.
- Ausreichende Ankertaulänge. Regel: Die Ankertaulänge soll 3mal der jeweiligen Ankertiefe entsprechen und ein Kettenvorfach aufweisen.
- Richtungsbezeichnungen: Backbord: links, Steuerbord: rechts.
  Luv: Wind zugewandte Seite, Lee: Wind abgewandte Seite.
- Positionslampen: Top- und Hecklicht: weiß, Steuerbord: grün, backbord: rot.
- Notsignale: Dauerton (Nebelhorn), rote Rakete oder Handfackel, SOS . . .---. . . mit Lampe oder Horn.

Praktischer Umweltschutz

Soweit es irgend möglich ist, können wir Taucher mit unserem eigenen Verhalten einen wichtigen Beitrag zum Erhalt der Umwelt leisten.
- Die Zufahrt zum Gewässer soll nur auf befestigten Wegen erfolgen. Autos sind auf Parkplätzen abzustellen.
- Kompressoren müssen nicht inmitten einer bedrohten Umwelt betrieben werden, Taucher sollen mit gefüllten Geräten am Tauchplatz ankommen.
- Das bei der Flaschenfüllung entstehende Kondensat, das über die Abscheider entfernt wird, ist ölhaltig und muß fachgerecht entsorgt werden.

- Schutz des Uferbiotops; vorhandene Pflanzen, Insekten oder Wasservögel reagieren empfindlich auf größere Störungen, deshalb sollen vorhandene Einstiegsmöglichkeiten genützt werden.
- Unter Wasser so wenig wie möglich Schlick oder Sand aufwirbeln, Laichgebiete schonen und winterstarre Fische nicht stören.
- An Korallen nicht festhalten, beim Ankern möglichst vermeiden, daß Korallenstöcke beschädigt werden.
- Keine Abfälle über Bord werfen, insbesondere keine Alu-Dosen und Plastiktüten!
- Keine Fische anfüttern, dies kann eine, manchmal auch gefährliche, Verhaltensänderung bewirken (Haifütterung!).
- Harpunieren und Sammeln (oder Kaufen) von Tiersouveniers ist umweltschädlich!

Wahl des Tauchgeländes

Bei der Auswahl des Tauchgeländes sollte man sehr überlegt vorgehen, mancher Tauchgang, ja selbst ein ganzer Urlaub kann bei schlechter Auswahl des Tauchplatzes mißlingen. Folgende wesentlichen Kriterien müssen in die Überlegungen mit einbezogen werden:

- Ausrüstung und technisches Können der Teilnehmer. Es ist unsinnig, mit noch unerfahrenen Tauchpartnern und geringem Luftvorrat einen Riffabstieg in größere Tiefen zu planen.

- Lage des Tauchgeländes. Darf das vorgesehene Tauchziel überhaupt angesteuert werden (militärisches Sperrgebiet, Schiffahrtstraße, Unter-Wasser-Naturschutzpark); kann das Ziel vom Ufer aus erreicht werden oder ist ein Boot erforderlich; besteht eine Ankermöglichkeit auch bei starkem Wind und Wellengang; sind starke Strömungen bekannt?
- Beschaffenheit des Tauchgeländes. Hier muß Übereinstimmung herrschen, welchem Zweck der Tauchgang dienen soll. Es läßt sich nicht vereinbaren, daß gleichzeitig im Sandgrund nach Seltenheiten gesucht, eine Höhle betaucht, Fotoaufnahmen von Korallen gemacht oder Zierfische beobachtet werden.

Wind – Wetter – Wasser

Diese drei Faktoren spielen eine leider häufig unterschätzte Rolle bei der Vorbereitung eines Tauchgangs. Sinnvoll ist es, wenn der Leiter der Gruppe bei einem Ortskundigen, sei es der Leiter einer Tauchbasis oder ein ortsansässiger Fischer, über die örtlichen Gegebenheiten und Witterungsverhältnisse Auskunft einholt. Dabei sind folgende Punkte zu klären:

- Ist mit einem Umschwung der Großwetterlage zu rechnen?
- Steht ein lokales, schnell heranziehendes Gewitter am Horizont?
- Frischt der Wind plötzlich auf oder dreht er auf andere Richtungen?
- Gibt es regelmäßig einfallende Winde wie Mistral, Bora o. ä.?

Tauchpraxis

- Treten Gezeitenströmungen auf? Es darf nur bei Höchst- oder Niedrigstand (= Strömungsstillstand) getaucht werden.
- Gibt es stärkere Unterwasserströmungen, wird dadurch die Sicht wesentlich beeinflußt oder die Sicherheit gefährdet?
- Kann das Boot sicher verankert werden, ist eine Ausweichbucht in der Nähe?
- Ist mit unvorhergesehenen Gefahren wie Fischernetzen, Großfischen oder Schiffen zu rechnen?

Einige der genannten Punkte bedürfen einer näheren Erläuterung:

Strömungen:
Sie treten vor allem, auch bei schönem Wetter, an Flußmündungen, zwischen nahe beieinanderliegenden Inseln, an Riffen und in tropischen Gewässern bei Gezeitenwechsel auf. Es gibt Strömungen, die an der Oberfläche nicht sichtbar sind, von denen aber auch der beste Flossenschwimmer unter Wasser einige hundert Meter abgetrieben wird. Meist sind Tiefenströmungen, obwohl wesentlich schwächer spürbar, stärker als die Oberflächenströmung. Daher, wenn immer möglich, den Tauchgang gegen die Strömung beginnen! Man kann sich dann zum Ende des Tauchgangs, wenn die Kräfte schon nachgelassen haben, von der Strömung in die Nähe des Bootes treiben lassen. Besteht nur eine Oberflächenströmung, dann kann der Tauchgang in jede Richtung durchgeführt werden, bei der Rückkehr zum Boot soll je-doch einige Meter unter der Oberfläche gegen die Strömung getaucht werden, um nach dem Auftauchen durch die Strömung in die Nähe des Bootes zu gelangen oder die an einer Leine ausgelegte Boje zu erreichen.

Grundsätzlich sollte der Tauchgang so geplant werden, daß immer an der Ankerkette abgetaucht wird und wenn möglich, an ihr auch der Aufstieg zur Oberfläche vollzogen wird. Wenn Strömungen zu erwarten sind, soll unbedingt eine Begleitperson an Bord sein, um einen evtl. abgetriebenen Taucher orten und holen zu können.

Unterwasserlandschaft:
Selbst für erfahrene Taucher stellt eine schlechte Sicht durch Schwebeteilchen oder aufgewirbelten Schlamm eine erhebliche psychische Belastung dar. Oft ist der Anfänger enttäuscht, wenn er am Tag nach einem Gewitter an einem ihm bekannten, klarsichtigen Platz plötzlich nur noch schlechte Sichtverhältnisse vorfindet.

Interessant sind immer Felsformationen, Riffkanten und Höhlen. Der Bewuchs ist dort reichhaltiger, alles Leben des Meeres ist hier auf engem Raum vereint.

Denken Sie trotz der faszinierenden Umgebung auch an mögliche Gefahrenquellen:

- Wegen des Fischreichtums sind häufig Fischernetze gespannt, in denen man sich verfangen kann. Der Griff zum Tauchmesser ist dann vielfach erforderlich, um wieder frei zu kommen.

104

- Felskanten verleiten dazu, sich fest-zuhalten, die Folge kann eine blu-tende Verletzung sein, die sich durch den Kontakt mit Salzwasser infizieren und entzünden kann.
- Der unvorsichtige Griff in eine Fels-spalte kann eine sonst friedliche Muräne zum Biß veranlaßen, mit einem unbedachten Flossenschlag kann man sich ein schmerzhaftes und lange bleibendes »Souvenir« in Form von Seeigelstacheln vom Urlaub mit nach Hause nehmen.
- In einer Grotte oder Höhle kann sich die Sicht plötzlich sehr stark verschlechtern, wenn man zu nahe am Grund taucht, und Schlamm oder Sand aufgewirbelt wird.

Beobachtung
im Bergsee

Temperatur:

Im Frühsommer ist es im Mittelmeer oft schon angenehm warm, die Wasser-temperaturen an der Oberfläche betragen meist schon etwa 20 °C. Lassen Sie sich jedoch nicht dazu verleiten, ohne Anzug zu tauchen; schon in einigen Metern Tiefe kann die Temperatur schlagartig um 8 bis 10 °C absinken. Außerdem ist man froh, den Anzug im Boot noch anzu-haben, wenn auf der Rückfahrt plötz-lich ein frischer Wind aufkommt. Auch im Hochsommer sind eine Woll-mütze oder ein Stirnband von großem Nutzen, um die Ohren vor Zug und somit auch vor Erkältung zu schützen.

Wie kommt man vor Ort?

Leider hängen die besten Trauben am höchsten – und sind die schönsten Tauchgründe meist am weitesten von der Küste oder dem Ufer entfernt. Man ist daher häufig auf den Trans-port mit einem Boot angewiesen. Neben anderem gilt zu prüfen:

- Ist das Boot stabil genug, kann es alle Taucher mit Ausrüstung be-quem aufnehmen?
- Ist das Boot ausreichend ausgerü-stet? Ist das Schlauchboot genü-gend mit Luft gefüllt, ist genug Treib-stoff an Bord, stehen für Notfälle mindestens zwei Stechpaddel zur Verfügung? Zwei Anker sind besser als einer, entsprechend lange An-kerketten mit dazugehörigen Leinen und einigen Zusatzleinen werden bei stärkerem Wellengang sehr hilf-reich sein. Taucherboje oder Tauch-warnflagge nicht vergessen!

105

Tauchpraxis

- Wahl des Ankerplatzes. Viele Tauchgründe sind nur bei gutem Wetter und ruhigem Wasser anzusteuern. Kommen Wind und Wellen auf, so gilt es, eine windabgewandte Bucht aufzusuchen und das Ankertau so großzügig auszulegen, daß das Boot nicht losgerissen werden kann, andererseits aber so kurz anzubinden, daß das Boot nicht auf einen Felsen auflaufen kann.
- Begleitperson im Boot. Nicht nur zur Bergung eines evtl. abgetriebenen Tauchers, sondern auch, um das Boot bei aufkommendem Sturm an einen besseren Platz zu legen, brauchen Sie mindestens eine Begleitperson an Bord. Außerdem gilt nach internationalem Seerecht ein Boot als herrenlos, wenn keine Zugehörigkeit zu einer Person festgestellt werden kann. Im ungünstigsten Fall könnte sich ein Fremder Ihr Boot aneignen!
- Zur genauen Positionsbestimmung in fremden Gewässern etabliert sich zunehmend das satellitengestützte GPS (Global positioning system), insbesondere bei Tauchkreuzfahrten. Damit kann mit preiswerten Handgeräten (schon weit unter DM 1.000,00) die Position an jeder Stelle der Erde auf etwa 20–40 m genau bestimmt werden, selbst unter Wasser!

Umgang mit der Tauchausrüstung an Bord

Auch wenn Tauchen ein Sport für Individualisten ist, kann auf ein gewisses Maß an Ordnung und Disziplin sowohl an Bord als auch beim Anlegen der Ausrüstung sowie beim Tauchgang nicht verzichtet werden. Es wird vieles erleichtert, wenn bereits beim Beladen des Bootes bestimmte Prinzipien beachtet werden.

Die Tauchgeräte sollen, wann immer möglich, quer zur Fahrtrichtung am Bug und in der Bootsmitte nebeneinander gelagert werden. Auch die Tauchtasche mit schwerem Inhalt wird im vorderen Teil des Bootes verstaut, um dem Boot eine bessere Gleitstabilität zu verleihen. Flaschen und Gummiteile sollen möglichst keiner intensiven Sonnenbestrahlung ausgesetzt werden.

Nach Besteigen des Bootes sollte jeder einen festen Platz beibehalten und diesen auch beim Anlegen der Ausrüstung nicht verlassen. Nachdem der Tauchplatz erreicht, die Warnflagge gesetzt und der Anker sicher ausgelegt ist, kann die Ausrüstung angelegt werden.

Der Automat wird, nachdem er auf die Flasche geschraubt wurde, einer kurzen Funktionsprüfung unterzogen. Tauchzeit und Tauchtiefe werden nochmals durchgesprochen und endgültig festgelegt.

Beim Anlegen des Tauchanzuges ist darauf zu achten, daß durch zu starkes Ziehen oder Einsetzen der Fingernägel keine Einrisse im Material entstehen. Die Füßlinge werden unter, die Handschuhe über dem Anzugabschluß angelegt. Der Vorgang ist auf der nebenstehenden Bildreihe Schritt für Schritt dargestellt.

Noch vor dem Anziehen der Handschuhe werden Tiefenmesser, Kompaß, Tauchermesser, Uhr, Computer und evtl. Weste befestigt. Anschließend zieht man die Flossen an. Als letztes wird das Tauchgerät, befestigt am Jacket, aufgenommen und der Bleigurt über der geschlossenen Gerätebänderung straff um die Hüften gelegt. Dabei ist der Tauchpartner behilflich, er öffnet auch das Flaschenventil. Der Bleigurt muß so sitzen, daß er im Gefahrenfall sofort mit einem Handgriff abgeworfen werden kann. Nun wird das Gesicht befeuchtet, die Brille mit Speichel beschlagfrei gemacht. Brille dann kurz im Wasser spülen und anlegen, der Partner hilft dabei, die Haare aus dem Gesicht zu streichen. Schnorchel nicht vergessen! In einer zuvor besprochenen Reihenfolge gleiten die Taucher nun nacheinander ins Wasser, wobei darauf geachtet wird, daß nacheinander immer im Wechsel links – rechts das Boot paarweise verlassen wird und die Eintauchstelle für die Nächstfolgenden freigemacht wird.

Aufteilung in Gruppen – Gruppenführung

Eine Tauchgruppe sollte möglichst klein sein, am besten finden sich jeweils Dreiergruppen zusammen, die Höchstzahl in einer Gruppe sollte vier Taucher nicht überschreiten. Im Zweifelsfall lieber mehr und kleinere Gruppen bilden. Bei der Zusammenstellung einer Gruppe müssen mehrere Faktoren berücksichtigt werden, sei es, daß

ein Paar unbedingt zusammenbleiben will oder die Fotografen ein bestimmtes Objekt ansteuern wollen; oder aber, daß sich zwei andere partout nicht leiden können. Die Gruppenzusammenstellung richtet sich auch nach der Erfahrung der Teilnehmer.

Werden mehrere oder größere Gruppen gebildet, dann wird für jede Gruppe ein Führer und ein Schlußlicht bestimmt. Als Schlußmann sollte ein erfahrener Taucher eingesetzt werden, er hält die Gruppe zusammen und kann bei auftretenden Schwierigkeiten sofort helfend eingreifen.

Der Führer der Gruppe bestimmt das Tempo und ist verantwortlich für das Einhalten der Tauchzeit und Tauchtiefe, er achtet auch darauf, daß der noch weniger Geübte einen sicheren und gefahrlosen Tauchgang absolvieren kann. Nach Beendigung des Tauchganges führt er die Gruppe zum Boot zurück und behält den Schlußmann mit im Auge. Schließlich ist es seine Aufgabe, sich in regelmäßigen Abständen durch Handzeichen mit seinen Tauchpartnern zu verständigen.

Tauchgang und Rückkehr ins Boot

Nachdem alle Taucher ins Wasser gelangt sind, sammeln sich die einzelnen Gruppen und jeder nimmt knapp unter der Oberfläche eine abschließende Funktionsprüfung vor. Der Leiter der Gruppe taucht als erster ab und überprüft die Lage des Ankers. Er sollte mit einem zweiten Automaten ausgestattet sein. Die restlichen Taucher begeben sich entlang des Ankerseils auf Grund bzw. in die vorgesehene Tauchtiefe. Spätestens jetzt wird überprüft, ob alle für den vorgesehenen Tauchgang richtig austariert sind, also unter Wasser der Schwebezustand erreicht ist. Taucht man mit Partnern, mit denen man bisher keinen Tauchgang unternommen hat, kommt jetzt auch der Zeitpunkt des gegenseitigen »Check-ups«. Noch vor Beginn des eigentlichen Tauchgangs sollte man in geringer Tiefe den Tauchpartner nach Absprache testen und z. B. ihn zur Wechselatmung auffordern. Man erkennt dann sehr schnell, ob im Ernstfall der neue Tauchpartner verläßlich und routiniert ist, um in einer kritischen Situation helfen zu können.

Gute Tauchschulen machen vor dem eigentlichen Tauchgang mit jedem Neuling einen »Check-dive«, um seine Fähigkeiten einschätzen zu können. Jetzt erst wird das eigentliche Ziel unter Wasser angesteuert. Dabei ist es günstig, wenn auch unter Wasser eine vorher vereinbarte Position beibehalten wird; z. B. Partner A links, B in der Mitte und C rechts. So läßt sich bei etwaigen Zwischenfällen leicht feststellen, wer in Schwierigkeiten geraten ist oder fehlt. Sollte ein Taucher, aus welchen Gründen auch immer, vor der vereinbarten Zeit auftauchen wollen oder müssen, dann bleiben alle anderen solange bei ihm, bis er sicher am Boot angelangt ist oder das Ufer wieder erreicht hat.

Je größer die Tiefe und je schlechter die äußeren Umstände wie Sicht, Temperatur und Strömungen sind, um so näher bleibt die Gruppe beisammen; im Extremfall hält man sich an den Händen fest oder sichert sich gegenseitig mit Leinen. Da unter Wasser das Sichtfeld nach den Seiten und nach oben und unten durch die Brille erheblich eingeschränkt ist, sollte man sich in regelmäßigen Abständen durch einen Rundumblick ein Bild davon machen, ob etwaige Gefahrenquellen vorhanden sind (Fischernetz o. ä.), die sich nicht direkt im Blickfeld befinden.

Wenn der Tauchgang ohne Zwischenfälle und erfolgreich verlaufen ist, kehrt die Gruppe geschlossen zum Ausgangspunkt zurück. Der Gruppenführer überprüft nochmals die Lage des Ankers und lockert diesen gegebenenfalls, wenn er sich beispielsweise in einer Felsspalte verhakt hat. Aufgetaucht wird normalerweise immer in Nähe des Bootes oder Ufers, am besten entlang dem Ankertau, wobei der Gruppenführer als letzter das Wasser verläßt. Bei Tauchgängen in tropischen Meeren wird oft, sei es aus Gründen des Schutzes von Korallenblöcken oder wegen starker Strömung, auf das Legen eines Ankers verzichtet. Das Boot treibt dann mit der Strömung und begleitet so die Tauchgruppe, die sich ebenfalls mit der Strömung treiben läßt. Dies kann dann ein gefährliches Unterfangen sein, wenn der Wellengang hoch ist, ein tropischer Regenguß niedergeht oder der Bootsführer unaufmerksam

ist und die Luftblasen an der Wasseroberfläche aus den Augen verliert. Das Mitführen einer leicht aufblasbaren signalfarbenen Schlauchboje (bis zu 2 m hoch) kann jetzt lebensrettend sein. An der Wasseroberfläche angekommen, nähert man sich von der windabgewandten Seite dem Boot. Der erste Taucher übergibt der im Boot sitzenden Begleitperson aus dem Wasser heraus zuerst Zusatzgeräte wie Lampe und Kamera, dann Bleigurt und Gerät, evtl. auch die Flossen. Dann erst klettert der Taucher ins Boot. Bei größeren Tauchschiffen, die eine Leiter aufweisen, werden nur die Flossen ausgezogen, dann steigt der Taucher mit voller Montur an Bord. Im unmittelbaren Umkreis der Leiter dürfen sich im Wasser keine weiteren Taucher aufhalten (Gefahr durch einen etwa von der Leiter abstürzenden Taucher bei starkem Wellengang). Die Brille bleibt **immer** bis zum Eintritt in das Boot auf dem Gesicht! Ein Taucher nach dem anderen gelangt so ins Boot und nimmt dem jeweils nachfolgenden, noch im Wasser befindlichen Taucher seine schweren Ausrüstungsstücke ab. Geräte und Zubehörteile werden wie beim Beladen des Bootes verstaut. Erst wenn alle Taucher an Bord sind, die Ausrüstung verstaut ist und jeder seinen Platz eingenommen hat, darf der Motor angelassen werden, um Verletzungen durch die Bootsschraube von vorne herein auszuschalten. Als letztes wird bei laufendem Motor, aber noch im Leerlauf, der Anker eingeholt. Es ist gut, sich nach dem Tauchgang, am besten noch im Boot, über den Ablauf zu unterhalten. Diese Unterhaltung verstärkt die unter Wasser aufgetretenen Erlebnisse und motiviert zu neuen Taten. Dabei sollte aber auch nicht vergessen werden, in sachlichem Ton eine kritische Bilanz zu ziehen und die Punkte anzusprechen, die beim Partner, noch mehr aber bei sich selbst als falsch oder verbesserungswürdig aufgefallen sind. Schon der vielleicht vergessene Schnorchel, das Überschreiten der geplanten Tauchtiefe um einige Meter, die zu hastige Atmung oder der Aufstieg ohne Drehung um die eigene Körperachse und damit fehlende Oberflächenbeobachtung sollen Anlaß dazu sein, es das nächste Mal besser zu machen. Noch vor Abfahrt des Bootes eine Mütze oder ein Stirnband aufsetzen; auch in tropischen Gebieten kann der Luftzug eine schwere Entzündung in den Nebenhöhlen bewirken, vornehmlich im Mittelohrbereich. Der weitere Tauchurlaub ist dann in Frage gestellt.

Testfragen

1. Nenne die Punkte, die für eine Tauchzeitberechnung bekannt sein müssen.
2. Wieviel mal mehr Luft verbraucht man in 35 m Tiefe?
3. Von welchen Punkten ist der persönliche Luftverbrauch abhängig?
4. Wodurch unterscheiden sich Atemzeit und Tauchzeit?
5. Warum wird der persönliche Luftverbrauch immer auf die Oberfläche bezogen?
6. Welche Werte müssen zur Berechnung des persönlichen Luftverbrauchs bekannt sein?
7. 1. Tauchgang um 9.00 Uhr, 30 Min. auf 33 m. 2. Tauchgang um 13.30 Uhr, 20 Min. auf 27 m. Berechne: Wiederholungsgruppen der beiden Tauchgänge, Zeitzuschlag des 2. Tauchganges, Auftauchpausen, erforderlichen Luftvorrat für beide Tauchgänge bei AMV 25 l/min.
8. Welche Regel gilt bei mehreren Tauchgängen innerhalb 12 Stunden?
9. Nenne die wichtigsten Punkte bei der Wahl des Tauchplatzes.
10. Wie beeinflussen Wind, Wetter und Wasser den Tauchgang?
11. Wie taucht man bei auftretenden Strömungen auf?
12. Wo soll nach Möglichkeit immer auf- und abgetaucht werden?
13. Welche Gefahren sind an einer Riffkante zu erwarten?
14. Welche Anforderungen sind an das Boot zu stellen?
15. Welche Maßnahmen sind beim Beladen und Besteigen des Bootes zu ergreifen?
16. In welcher Reihenfolge wird die Ausrüstung angelegt?
17. Wie soll eine Tauchgruppe zusammengestellt werden?
18. Was versteht man unter »Austarieren«?

Tauchen unter besonderen Bedingungen

Die in diesem Kapitel aufgezeigten Möglichkeiten wenden sich an den erfahrenen Taucher, und wer es bisher noch nicht ist, soll es ja unter anderem mit Hilfe dieses Buches bald werden. Dann ist die gesammelte Erfahrung notwendig, um auch unter erschwerten Bedingungen gefahrlos zu tauchen.

Tauchen in Bergseen

Die Faszination des Tauchens zeigt sich nicht nur im Meer mit seiner Flora und Fauna, auch heimische Gewässer bieten durchaus lohnenswerte Ziele. Von besonderem Reiz sind dabei Bergseen, deren bestechende Klarheit uns trotz niedriger Wassertemperaturen ein ganz außergewöhnliches Erlebnis vermitteln kann. Von Bergseen wird gesprochen, wenn sie sich mehr als 700 m über Meereshöhe befinden. Vor allem die veränderten Druckverhältnisse und die damit verbundenen anderen Dekompressionszeiten und Austauchstufen verlangen Tauchzeitberechnungen nach auf Bergseehöhe zu berechnenden Werten. Der Luftdruck nimmt mit zunehmender Höhe ab, als Faustregel gilt: Pro 100 Höhenmeter nimmt der Luftdruck um 0,01 bar ab. Durch den niedrigeren Luftdruck nimmt deshalb mit zunehmender Höhe das Verhältnis zwischen Druck an der Wasseroberfläche und absolutem Druck in der Tiefe laufend zu, damit kommt es beim Auftauchen zu einem verstärkten Druckabfall. Es wurden daher spezielle Austauchtabellen für Bergseen entwickelt, auch Tauchcomputer wie der DC-12 beinhalten Bergseeprogramme (bis 2500 m).

Beispiel:
Tauchgang 15 Min. in 2500 m Höhe $\triangleq$ 0,75 bar, Tauchtiefe 30 m $\triangleq$ 3,75 bar absoluten Drucks. Verhältnis Oberfläche zu Tiefe:
3,75 : 0,75 = 5.
Es erfolgt somit eine 5fache Druckreduktion (statt einer 4fachen auf Meereshöhe).
Stehen weder Bergseetabellen noch Tauchcomputer zur Verfügung, erfolgt deshalb die Errechnung einer sog. »fiktiven Tauchtiefe«:

$$fT = \frac{\text{Tauchtiefe}}{\text{Luftdruck}}, \text{ beim Tauchgang}$$

auf 30 m: $\frac{30}{0,75} = 40$ m fikt. Tiefe.

Nach Deko-Tabelle (S. 74) wären Austauchpausen von 3 Minuten auf 6 m und 6 Minuten auf 3 m erforderlich, Wiederholungsgruppe F.
Der Partialdruck von Stickstoff darf beim Auftauchen max. das 1,5 fache des einer bestimmten Tiefe entsprechenden Wertes betragen, ohne daß es zu einer Gasblasenbildung kommt. So ist im Meer der Aufstieg von 9 auf 0 m (p $N_2 = 0,78 \times 1,9 \approx 1,5$) sofort immer ohne Pausen möglich. Da auf 2500 m ein Luftdruck von 0,75 bar

herrscht, ist der p N_2 entsprechend niedriger, damit ergeben sich beträchtlich verlängerte Dekozeiten oder verkürzte Nullzeiten.

Auch die Dekompressionsstufen sind den veränderten Umgebungsbedingungen anzupassen, sie sind in den Bergseetabellen ebenso wie im Tauchcomputerprogramm berücksichtigt.

Merke: Bei Membran- oder Bourdon-Tiefenmessern erfolgt eine um die Luftdruckdifferenz zur Meereshöhe verringerte Tiefenanzeige.

Beispiel:
Tauchgang auf 30 m in 2500 m Höhe – Tiefenmesseranzeige 27,5 m. Demgegenüber zeigen die Boyle-Mariotte-Tiefenmesser eine zu große Tauchtiefe an.

Der Tauchcomputer realisiert jedoch auch den veränderten Luftdruck und kann in das Bergseeprogramm geschaltet werden.

Im Winter und unter Eis

Tauchgänge im Winter stellen wegen der extrem niederen Wassertemperaturen und der daraus resultierenden Gefahr der schnellen Unterkühlung eine erhebliche Belastung dar und sollten mit einem Trockentauchanzug durchgeführt werden. Man kann aber mit einem normalen Anzug, sofern er dick genug ist, ebenfalls einen kurzen Tauchgang wagen (max. 15 Min.). Gefährlich sind Tauchgänge unter Eis wegen der psychischen und physischen Belastung.

Hauptgefahr neben einer raschen Unterkühlung ist dabei die Vereisung des Lungenautomaten; durch Blockade mechanisch bewegter Teile strömt unkontrolliert massiv Luft über den Automaten ab. Eine Vereisung tritt bei Wassertemperaturen ab ca. 6 bis 8 °C auf und wird durch zwei Tatsachen begünstigt:

- Beim Entspannen von Gasen (Druckverlust) kommt es unter Wärmeentzug zur Abkühlung des Gases.
- Je größer das Druckgefälle und je höher die Gasflußmenge pro Zeiteinheit ist, um so eher kommt es zur Vereisung.

Automaten mit großen Querschnitten in den Luftwegen der Reduzierstufen mindern die Durchströmungsgeschwindigkeit, wie etwa beim Scubapro. Die Vereisungsgefahr wird weiter gemindert, wenn die Luft aus der Flasche möglichst trocken ist.

Bei Winter- bzw. Kaltwassertauchgängen wird, wie auch bei anderen schwierigeren Tauchgängen, ein zweiter, separat angeschlossener Automat mitgeführt.

Eine Unterkühlung des Tauchers läßt sich besser vermeiden, wenn zusätzlich zum entsprechenden Tauchanzug eine Eiskopfhaube getragen wird und bei Naßtauchanzügen vor dem Tauchgang warmes Wasser in den Anzug gefüllt wird.

Aus Gründen der Sicherheit wird beim Eistauchen von mindestens einem Taucher eine Sicherheitsleine angelegt, die von einer am Ufer stehenden Person gehalten und gesichert wird. Die Verständigung zwischen Taucher und Leinenführer erfolgt mittels festgelegter Ruckzeichen, die gegenseitig (mit Ausnahme des Notsignals) mit dem gleichen Zeichen beantwortet werden. Zusätzlich werden vom Einstiegsloch ausgehend, in einem Halbkreis am Leinenende zwei weitere Ausstiegslöcher angelegt, um im Gefahrenfall möglichst schnell an die Oberfläche zu gelangen.

Nacht- und Höhlentauchen

Tauchgänge während der Nacht oder in Höhlen stellen keine zusätzliche körperliche Belastung dar, jedoch ist die psychische Belastung so hoch, daß sich nur sehr besonnene Menschen an ein solches Unternehmen heranwagen sollten. Der Reiz liegt vor allem darin, daß Fische und nachtaktive Meeresbewohner besser und näher beobachtet werden können und durch das mitgeführte Kunstlicht besondere Licht- und Farbeffekte entstehen.

Bei einem Nachttauchgang sind besondere Maßnahmen zu ergreifen:

- Sämtliche Ausrüstungsgegenstände noch vor Einbruch der Nacht überprüfen und an Bord bringen.
- Das Boot muß für die Nacht mit Positionslampen und Scheinwerfer ausgestattet sein.
- Keinerlei Alkohol vor dem Tauchgang, eine letzte, leichte Mahlzeit mindestens zwei Stunden vor Abfahrt.
- Strenge Auswahl der Tauchpartner; nur erfahrene Taucher, die auch unter erheblicher Belastung keinerlei Nervosität zeigen, sollen teilnehmen.
- Kleine Gruppen; jeder Taucher muß mit einer Lampe mit langer Brenndauer ausgestattet sein.
- Vorher Besprechung von etwaigen Blinkzeichen; Handzeichen unter Wasser müssen im Lichtkreis der Lampe gegeben werden. Zwei Zeichen mit Lampe sind feststehend: Bildung eines Kreises = alles in Ordnung; auf und ab = Gefahr, brauche Hilfe.
- Nie dem Partner direkt ins Gesicht leuchten, er wird vorübergehend geblendet.
- Die äußeren Umstände müssen optimal sein. Ruhiges Wasser, keinerlei Wind oder Strömungen, keine erkennbaren Gefahrenquellen, guter Ankerplatz.
- Absolute Disziplin beim Tauchgang. Die Gruppe bleibt auf Armabstand zusammen. Kurze Tauchzeit, nicht tiefer als 15 bis 20 m, niemals die Nullzeit überschreiten.
- Nur an einem bekannten Platz tauchen.
- Vorsicht in Gewässern, in denen mit Großfischen zu rechnen ist. Raubfische jagen meist in der Nacht!
- Mindestens eine Person am Ufer über Ort und voraussichtliche Rückkehr informieren, Zeit unbedingt einhalten.
- Die Einstiegsstelle muß mit einem Leuchtstab, besser noch mit einem Blitzlichtgeber, in 2 bis 3 m Tiefe markiert sein.

Beim Tauchen in größeren Höhlen gelten ähnliche Regeln, wobei zusätzliche Sondermaßnahmen ergriffen werden:

- In Grotten mit zwei und mehr Ausgängen immer von der tieferen zur höher gelegenen Stelle tauchen.
- Der Zeitplan wird strikt eingehalten und muß so bemessen sein, daß auch der langsamste Schwimmer und hastigste Atmer bequem zurückkommt.
- Genügender Abstand vom Grund. Aufgewirbelter Sand führt zu einer schlagartigen Verschlechterung der Sicht.
- Bei großen Höhlen mit unübersichtlichen Ausgängen an einer Führungsleine, die der erste führt, entlangtauchen. Diese ist am Boot oder Ufer befestigt und hilft, wieder ins Freie zu finden. Evtl. gegenseitige Sicherung mit Hand- oder Buddy-Leine.
- Vorsicht beim Höhertauchen; man könnte mit dem Kopf gegen den Fels schlagen und bewußtlos werden. Daher beim Auftauchen in Rückenlage gehen, so läßt sich das Dach einer Höhle besser beobachten.
- Führt innerhalb der Grotte ein Weg zur Wasseroberfläche, dann nach Erreichen der Wasseroberfläche aus dem Gerät weiteratmen; man kann oft nicht wissen, ob die Luft im Hohlraum frisch oder verbraucht ist.

Strömungstauchen

Tauchen in fließenden Gewässern oder Durchführung von Bergungsarbeiten sind überwiegend Berufstauchern oder Rettungsorganisationen vorbehalten. In seltenen Fällen kann jedoch auch ein Sporttaucher einmal eine solche Aufgabe bewältigen müssen.

Jeder Taucheinsatz in einem fließenden Gewässer stellt ein erhöhtes Risiko dar, daher muß der Taucher mittels einer Sicherheitsleine von außen bzw. vom Boot aus gesichert sein, die Verständigung erfolgt durch vorher festgelegte Leinenzeichen. Der Taucher sollte immer gegen die Stromrichtung abtauchen und sich nicht mit der vollen Strömungsgeschwindigkeit abtreiben lassen, es besteht sonst die Gefahr, daß er sich an Hindernissen unter Wasser verletzt. Höchste Vorsicht ist in der Nähe von Wehren und Schleusen geboten! Strömungstauchgänge im Meer können auch gegen die Strömung begonnen werden, am besten am Grund. Den erhöhten Luftbedarf berücksichtigen! In tropischen Meeren, wie etwa auf den Malediven, den Tauchgang von der Meerseite zum Atoll bzw. Land hin durchführen. Die Strömung ist dort in der Mitte eines Kanals, zwischen zwei Inseln, am stärksten, an den Rändern schwächer. Eine gut ausgebildete Bootsbesatzung folgt den aufsteigenden Luftblasen und nimmt die Taucher am Ende des Tauchganges im freien Wasser auf.

Orientierungstauchen

Sofern der Tauchgrund nicht zu tief ist, sollte ca. 1 bis 2 m über Grund getaucht werden. Der Flossenschlag muß gleichseitig sein, natürliche Orientierungshilfen wie Lichteinfall, Strömungsrippen im Sand, markante Fels- oder Korallenformationen oder umgedrehte Steine helfen, den Rückweg gut wieder zu finden. Wird mit Kompaß getaucht, so wird der Kurs zunächst an der Oberfläche angepeilt, unter Wasser ist der Kompaß ca. 0,5 m vom Körper entfernt in Blickrichtung zu halten. Die Gruppenmitglieder halten sich seitlich neben dem Kompaßführer, damit durch regelmäßiges Umschauen nicht eine Abweichung vom Kurs erfolgt. Die Rückkehr erfolgt mit Kompaßgegenkurs.

Tauchen mit Mischgasgeräten

Die atmosphärische Luft enthält als Inertgas Spuren von Helium. Es hat den Vorteil, daß sich der Organismus schnell mit diesem Gas sättigt, jedoch ebenso schnell wieder entsättigt. Die Tiefenrauschanfälligkeit ist dabei wesentlich herabgesetzt. Daher werden Geräte, die mit Helium statt Stickstoff als Füllgas arbeiten, zunehmend in der gewerblichen Taucherei für Tauchgänge von 50 bis zu 200 m Tiefe verwendet. Die Dekompressionszeiten werden damit erheblich abgekürzt, eine vollständige nasse Rekompression ist jedoch nicht immer möglich, die endgültige Rekompression erfolgt dann in der Druckkammer.

Tauchen mit Nitroxgeräten

Diese Weiterentwicklung des Tauchens hat in den letzten Jahren Aufschwung genommen, obwohl Nitrox teurer, nicht überall verfügbar und im Handling schwieriger ist.
Unter Nitrox verstehen wir **jede** Mischung von Sauerstoff (O_2) und Stickstoff (N_2), bei welcher der Sauerstoffanteil höher ist als in der Atemluft.
Prinzipiell lassen sich alle möglichen Mischungsverhältnisse herstellen, in der Praxis haben sich jedoch bestimmte Gemische durchgesetzt:

- EAN_x = Enriched Air Nitrox EAN_{28} z. B. bedeutet einen O_2-Anteil im Gemisch von 28 %
- NOAAI bedeutet einen O_2-Anteil von 32 %, NOAAII von 36 %
- Safe Air (ANDI) = variable Gemische mit einem O_2-Anteil zwischen 22 bis 50 %. Diese Gemische wurden von American Nitrox Divers International definiert.

Technische Voraussetzungen

Sauerstoff in einer höheren Konzentration als 21 % kann in Verbindung mit anderen Gasen bei entsprechender Temperatur und erhöhtem Druck zur Oxidation und zur Explosion führen. In Deutschland gilt jedes Gasgemisch, das mehr als 21 % Sauerstoff enthält, als **reiner** Sauerstoff. Damit unterliegen alle relevanten Ausrüstungsgegenstände den Bestimmungen der Druckgasverordnung für reinen Sauerstoff:

- Das Tauchgerät ist am Flaschenhals blau und mit »Sauerstoff-TG« sowie »Nitrox« gekennzeichnet; ebenso ist ein spezieller Prüfaufkleber erforderlich sowie ein Flaschenanhänger, der den O_2-Anteil, das Prüfdatum und den Prüfer, die maximale Einsatztiefe und den Flaschendruck vermerkt. Diese Angaben sind lebenswichtig.

Flaschen und Ventile müssen frei von jeder Verunreinigung sein (insbesondere keinerlei Spuren von Kompressorölen, Schmiermitteln, Farbe etc.). Ebenso müssen Automaten, Finimeter, Inflator und sämtliche anderen Anschlüsse (Trockentauchanzug) sauerstofffrei (oxygen clean) und als solche gekennzeichnet sein. Umbaumaßnahmen und Service muß vom Fachhändler vorgenommen werden.

Füllung von Nitroxgeräten

Dies ist **ausschließlich** dafür autorisierten Personen erlaubt. Es gibt hier verschiedene Methoden der Gemischherstellung. Es muß ein Füllbuch geführt werden. Der Taucher ist verpflichtet, die Gasanalyse nach Füllung **selbst** durchzuführen, damit er den O_2-Anteil für seine Tauchgangsplanung kennt.

Warum Tauchen mit Nitrox?

Mit zunehmender Tauchtiefe steigt der Teildruck aller Gase, so auch der des Stickstoffs und des Sauerstoffs. Um die Risiken des erhöhten Stickstoffteildruckes (Dekompressionskrankheit, Tiefenrausch, geringe Null-zeiten bzw. lange Dekopausen) zu verringern, erhöht man an seiner Stelle den Sauerstoffanteil.

Es erfolgt somit eine geringere Stickstoffaufnahme, die Tauchzeit wird verlängert, der Reststickstoff nach dem Tauchgang ist verringert. Damit bestehen günstigere Bedingungen für Wiederholungstauchgänge, die Oberflächenpausen sind verkürzt, ebenso die Wartezeiten für einen Flug.

Der erhöhte O_2-Anteil soll zusätzlich zu einer Verbesserung der Mikrozirkulation und zu einer Reduzierung der Barotraumagefahr führen. Der Luftverbrauch ist verringert, die Luft schmeckt besser und die Müdigkeit nach dem Tauchgang ist wesentlich geringer.

Den Vorteilen des reduzierten Stickstoffgehaltes stehen die Gefahren des erhöhten Sauerstoffanteils gegenüber. Ab einem Partialdruck von 1,6 bar wird Sauerstoff nach einer Einwirkungszeit von etwa 45 Min. giftig. Dies entspräche beim Tauchen mit Preßluft einer Tiefe von etwa 70 m, bei einem NOAAI-Gemisch (32 % O_2) jedoch einer Tiefe von nur 40 m. Bei anstrengenden Tauchgängen tritt eine O_2-Vergiftung jedoch schon bei ca. 1,4 bar ein, also in geringeren Tiefen.

Praxis des Nitroxtauchens

Zunächst wird der Taucher die optimale Gasmischung für eine bestimmte maximale Tiefe berechnen, die sogenannte »best mix«. Diese richtet sich nach dem zulässigen maximalen Sauerstoffpartialdruck (1,6 bar bei optimalen,

1,4 bar bei schlechten Bedingungen). Wir suchen daher den entsprechenden Anteil von Sauerstoff im Gemisch:

- Bekannt ist die maximale Tiefe und damit der dortige Gesamtdruck pa.
- Bekannt ist der maximal zulässige Sauerstoffteildruck (1,6 bar bzw. 1,4 bar) pO_2 max.
- Gesucht ist der Anteil von O_2 für das »best mix«: fO_2.

Beispiel: Tauchgang auf 30 m (pa = 4 bar), kalt, schlechte Sicht (O_2 max daher 1,4 bar)

$$fO_2 = \frac{pO_2 \text{ max}}{pa} \qquad fO_2 = \frac{1,4 \text{ bar}}{4 \text{ bar}} = 0,35$$

Die optimale Gasmischung wäre daher 35 % O_2 und 65 % N_2. Ist die Gasmischung durch die Füllstation vorgegeben (häufig), so muß nun die damit maximal erlaubte Einsatztiefe errechnet werden, die sogenannte **MOD** (Maximum operation depth):

- Bekannt ist der Anteil von O_2 im Gemisch (fO_2) bzw. dessen Partialdruck (PO_2).
- Bekannt ist der maximal zulässige O_2-Partialdruck (PO_2 max).
- Gesucht ist die maximal erlaubte Tauchtiefe bzw. der maximal erlaubte Umgebungsdruck.

$$MOD = \frac{PO_2 \text{ max}}{PfO_2} \quad \text{Luftdruck (bar)}$$

Beispiel: Es steht ein EAN 40 zur Verfügung, es bestehen günstige Tauchbedingungen (PO_2 max 1,6 bar):

$$MOD = \frac{1,6}{0,40} = 4 \text{ bar; dies entspricht einer Tiefe von 30 m.}$$

Um die Vorzüge eines Nitroxgemisches gegenüber Preßluft beurteilen zu können, kann als Vergleich die äquivalente Lufttiefe berechnet werden. Diese und weitere Berechnungen bedürfen weiterführender Literatur.

Testfragen

1. Wie wirkt sich der Luftdruck in Bergseehöhe auf die Gassättigung im Körper aus?
2. Was versteht man unter »fiktiver Tauchtiefe«?
3. Warum ergeben sich in Bergseen verlängerte Dekopausen?
4. Welche Vorsichtsmaßnahmen sind bei einem Tauchgang unter Eis erforderlich?
5. Wie lange soll im Winter höchstens getaucht werden?
6. Nenne die wesentlichen Voraussetzungen für einen Nachttauchgang.
7. Wie betaucht man eine Höhle mit mehreren Ausgängen?
8. Woran ist zu denken, wenn innerhalb einer Höhle zur Wasseroberfläche aufgetaucht werden kann?
9. Wo ist die Strömung bei einem Drifttauchgang zwischen zwei Inseln am größten?
10. Was versteht man unter »Nitrox«?
11. Welcher DIN-Norm unterliegen Nitroxgeräte?
12. Was versteht man unter »best mix«?

Tauchtauglichkeit

Tauchen ist kein Hochleistungssport und kann von jedem Menschen mit normaler Gesundheit und ausgewogener Selbstdisziplin gefahrlos ausgeübt werden. Wichtig ist das realistische Einschätzen eigener Kräfte und Grenzen, die Freude am elementaren Naturleben und Lust an der schwerelosen Bewegung unter Wasser. Ein ängstlicher Mensch sollte niemals zum Tauchen überredet werden! Daneben sind folgende Voraussetzungen erforderlich:

- Ein bestimmtes Mindestalter. Freitauchgänge sollten nicht vor dem 14. Lebensjahr begonnen werden, da einige körperliche und psychische Voraussetzungen noch nicht erwartet werden können. Nach oben sind dem Alter bei entsprechender Gesundheit keine Grenzen gesetzt.
- Eine ausgewogene Psyche. Nervöse und ängstliche Menschen neigen unter Wasser zu panischen Fehlreaktionen, die fatale Folgen haben könnten.
- Ein Mindestmaß an Dauerleistung im Schwimmen, um evtl. einige hundert Meter gegen Wellen und Wind zum Boot zurückzuschnorcheln.
- Keine schweren chronischen Erkrankungen. Bei dauernden Herz-Kreislauf-Schäden, Atemwegserkrankungen oder chronischen Harnwegserkrankungen besteht Tauchverbot, ebenso bei schwerer Allergie, Stoffwechselstörungen, Suchterkrankungen, Anfallsleiden oder Medikamenteneinnahme, welche die Reaktionsfähigkeit beeinträchtigen.
- Alle akuten oder chronischen Erkrankungen des Trommelfells oder der Nebenhöhlen verbieten zumindest zeitweilig das Tauchen, auch mit ABC-Ausrüstung.
- Bei chirurgischen Erkrankungen (Schädelbruch, nach Operationen, Eingeweidebrüche) muß der Arzt die letzte Entscheidung über vorübergehende oder evtl. auch dauernde Tauchunfähigkeit fällen.

Eine Anzahl weiterer Schäden kann ein Tauchverbot bedingen, daher muß man dem Arzt gegenüber im eigenen Interesse in Bezug auf Krankheiten ehrlich sein.

Untersuchungsbogen

Die Tauchtauglichkeitsuntersuchung soll jährlich und nach jeder schweren Erkrankung erfolgen. Den Untersuchungsbogen soll man gut aufbewahren, der Arzt hat dann bei der Wiederholungsuntersuchung weniger Arbeit, außerdem verlangen die meisten Tauchbasen ein gültiges, höchstens ein Jahr altes ärztliches Zeugnis. Das Erheben der Vorgeschichte und die Untersuchung erfolgen nach den Kriterien der Deutschen Gesellschaft für Tauch- und Überdruckmedizin (GTÜM), die

119

einheitliche Regeln für den deutsch-sprachigen Raum festgelegt hat. Diese Untersuchungsbögen sind bei allen Tauchsportfachverbänden und Tauchschulen erhältlich.

Verhalten im Notfall

Notfälle beim Tauchen müssen vor Eintritt des Notfalles bedacht und durchgespielt werden!
Insbesondere die zu ergreifenden Maßnahmen und Anlaufstellen müssen vorher bekannt sein:

- Kenntnis der notwendigen Erste-Hilfe-Maßnahmen und Fähigkeit, sie durchzuführen.
- Nächste erreichbare Anlaufstelle für Notrufe (Telefon, Fischer, Tauchbasis).
- Nächstgelegenes Behandlungszentrum (Tauchschule, Arzt, Druckkammer).
- Welche Transportmittel stehen zur Verfügung (Boot, Auto, Hubschrauber)?
- Welche Erste-Hilfe-Ausrüstung steht wo zur Verfügung (O_2-Gerät, Infusionen, Medikamente) und wer kann sie anwenden?

Bemerkt man bei einem mittauchenden Kameraden Anzeichen einer Bewußtlosigkeit, so begeben sich alle Taucher sofort zu dem in Not geratenen Partner und versuchen, ihn ohne Gefährdung zur Wasseroberfläche zu bringen. Folgende Maßnahmen sind unmittelbar zu ergreifen:

- Abnehmen des Bleigurtes, dann Aufblasen des Tariermittels.

- Auf die Ausatmung achten. Der Verunglückte muß während des Aufstiegs laufend Luft ablassen, damit kein Lungenriß auftritt. Notfalls durch einen leichten Schlag in die Magengegend die Ausatmung provozieren.
- An der Oberfläche möglichst schnell zum Ufer oder ins Boot schaffen. Unmittelbar nach Erreichen der Oberfläche mit der Atemspende beginnen, nur so kann man erreichen, daß die kritische Zeitgrenze von 4 Minuten nicht überschritten wird, nach der nicht mehr rückgängig machbare Hirnschäden eintreten.
- Den Verunglückten auf eine feste Unterlage legen. Keine zusätzlichen Maßnahmen zum evtl. Lösen eines Stimmritzenkrampfes oder zum Entleeren der Lungen von eingedrungenem Wasser.
- Lagerung auf den Rücken und Überstrecken des Kopfes, am besten mit einer Nackenrolle. Säubern des Mundes von Fremdkörpern und Erbrochenem. Dann **sofort** Beginn mit der Atemspende. Bei Mund-zu-Mund-Beatmung Nase zuhalten, damit die eingeblasene Luft in die Lunge gelangt und nicht sofort wirkungslos wieder entweicht. Bei Mund-zu-Nase-Beatmung entsprechend den Mund zuhalten. Diese Methode ist vorzuziehen.
- Seitlich neben dem Verunglückten niederknien. Die eigene Ausatemluft wird dem Bewußtlosen ohne Anstrengung eingeblasen, der in der Ausatemluft enthaltene Sauer-

stoff genügt zur Aufrechterhaltung
des Lebens.
Achtung: Bei zu tiefer und hastiger
Beatmung durch den Retter besteht
für diesen die Gefahr der Bewußtlosigkeit durch Hyperventilation!

- Herzdruckmassage vorbereiten.
Bei beginnender Blauverfärbung
und fehlendem Halspuls muß die
Herzaktion künstlich aufrecht erhalten werden.
Unbedingt für harte Unterlage sor-
gen. Sind **zwei** Helfer vorhanden,
dann übernimmt einer die Atemspende, der andere die Herzdruckmassage in folgendem Rhythmus:
1 Atemstoß nach der 5. Herzmassage, ohne den Rhythmus zu unter-
brechen. Kurzfristig kann auch **ein**
Retter beide Hilfsaktionen überneh-
men, während der andere die weiteren Rettungsmaßnahmen organi-
siert. Beatmung und Herzdruckmassage dann in folgendem Rhythmus: 2 Atemspenden nach je
15 Herzdruckmassagen.
- Richtige Ausführung der Herzdruckmassage: Der Retter kniet seitlich neben dem Verunglückten und
legt beide Hände ca. 5 cm oberhalb der Brustbeinspitze zusammen. Die Fingerspitzen zeigen in
Richtung Kopf des Verunglückten.
Dann im Sekundenabstand kräfti-
ger Druck auf die Brustbeinspitze,
die ca. $1/4$ des Brustkorbdurchmes-
sers eingedrückt werden muß.
- Ausdauer bei der Wiederbelebung: Die Wiederbelebung muß
solange durchgeführt werden, bis
entweder eine Eigenatmung und

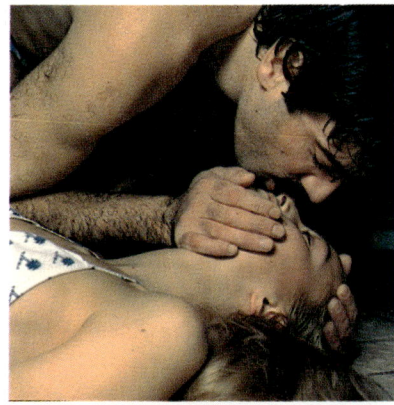

Mund-zu-Nase-
Wieder-
belebung

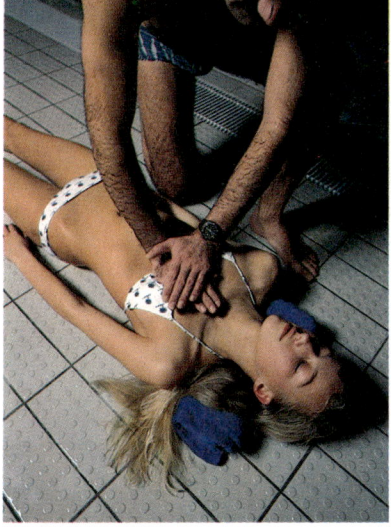

Herzdruck-
massage

Herztätigkeit auftritt oder aber ein
Arzt den Tod feststellt. Es gab
schon Erfolge nach einer Stunde
und länger!
- Die Herzdruckmassage darf nur
von einem darin ausgebildeten
Helfer durchgeführt werden!

121

- Jeder Taucher sollte entsprechende Kurse zur Herz-Lungen-Wiederbelebung absolvieren.
- Merke: Nach bisheriger Erkenntnis besteht bei der Atemspende keine Gefahr der Übertragung von AIDS.

Maßnahmen bei Dekounfall und Lungenriß

Bei diesen beiden Taucherkrankheiten bilden die im Organismus auftretenden Gasblasen eine lebensgefährliche Bedrohung. Abgesehen von den seltenen Fällen, in denen bei der Caisson-Krankheit eine nasse Rekompression möglich ist, kommt als einzig wirksame Behandlungsmaßnahme für beide Krankheiten nur die Therapie in einer Druckkammer in Frage.
Sobald der Verunglückte aus dem Wasser geborgen ist, muß durch entsprechende Lagerung versucht werden, der lebensbedrohenden Gasblasenentwicklung entgegenzuwirken. Der Verunglückte wird normalerweise mit leicht erhöhtem Oberkörper, nur bei Gefahr des Erbrechens in Links-Seitenlage, im Schatten gelagert. Wenn möglich, soll reiner Sauerstoff, am besten unter Einsatz des sog. WENOLL-Systems, zugeführt werden. Dies stellt ein O_2-Rückatemsystem dar und erhöht die Sauerstoff-Anwendungsdauer beträchtlich. Je schneller dann der Transport in eine Druckkammer erfolgt, um so günstiger sind die Aussichten auf eine völlige Wieder-

herstellung, vor allem das Vermeiden von lebenslänglichen Lähmungserscheinungen.
Wenn ein Lungenriß **ohne** Luftembolie eingetreten ist, genügt der Transport in ein Krankenhaus, ohne daß eine Druckkammertherapie nötig ist.
Der schnellste Transport ist mit dem Hubschrauber gegeben. Allerdings muß man sich schon vor Eintreten eines Unglücksfalles über den Standort und Alarmierungsweg dieses Rettungsmittels informiert haben. Sollte ein Hubschraubertransport möglich sein, dann muß der Pilot darauf hingewiesen werden, daß er nicht höher als 300 m fliegt, sonst würde die zusätzliche Druckentlastung im Körper des Verunglückten die Symptome der Erkrankung noch verstärken und die Gasblasenbildung beschleunigen. Diese Gefahr besteht nicht, wenn der Verunglückte bereits am Unfallort in eine transportable Druckkammer gebracht werden kann.

Aufbau und Funktion einer Druckkammer

Jede Druckkammer besteht aus einem stabilen Metallzylinder, der auf Drücke von bis zu 12 bar ausgelegt ist. Es gibt transportable Ein- oder Zwei-Mann-Kammern sowie ortsgebundene Kammern, die bis zu 12 Personen aufnehmen können. Jede Druckkammer ist nach dem gleichen Prinzip aufgebaut:
- Eine Zugangstüre, die mit einer sehr guten Abdichtung versehen ist, damit auch unter hohem Druck

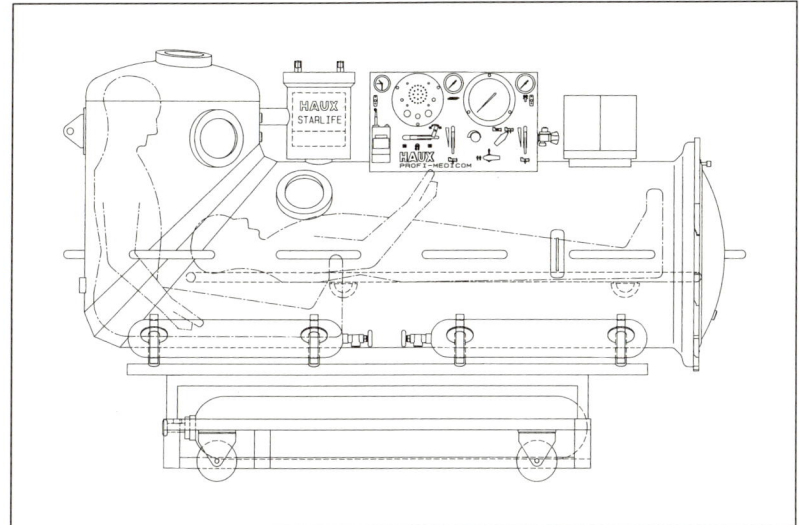

Schematischer
Aufbau einer
Zwei-Mann-
Druckkammer

keine Luft entweichen kann. Die Anschlüsse sind so ausgelegt, daß z. B. eine transportable Kammer an eine große Kammer ohne Druckverlust angeschlossen werden kann. Dazu besitzen die stationären Kammern eine eigene Vorflutkammer, in der die Umlagerung des Patienten unter Überdruck erfolgt.

■ Eine Druckluftzufuhr, die bei großen Kammern von einem eigenen Kompressor gespeist wird, während der Überdruck bei Ein- oder Zwei-Mann-Kammern durch außen angebrachte Preßluftflaschen über Verbindungsbrücken in der Kammer aufgebaut wird.

■ Ein Ablaßventil, über das die durch die Atmung verbrauchte Luft ausgelassen werden kann. Dieses Ablaßventil dient meist gleichzeitig als Überdruckventil und hält den Kammerdruck konstant.

■ Ein Beobachtungsfenster. Durch dieses Fenster kann der Zustand des Verunglückten beurteilt werden. Häufig ist zusätzlich auch eine Sprechanlage oder ein Telefon vorhanden.

■ Eine Medikamentenschleuse. Diese ist in größeren Kammern bei länger dauernder Behandlung erforderlich, um Medikamente, Nahrungsmittel und medizinisches Gerät für die in der Kammer befindlichen Personen einzuschleusen.

■ Heute werden, auch zur Erst-Notfall-Behandlung Zwei-Mann-Kammern empfohlen, da ein Taucherarzt oder -gehilfe mit eingeschleust werden kann.

123

Ablauf der Druckkammerbehandlung

Bei einer transportablen Kammer wird zunächst versucht, den Verunglückten schnellstmöglich unter einen gewissen Überdruck zu bringen. Durch einen Dekounfall bereits bewußtlose Taucher müssen schnellstens in die Kammer. Eine wesentliche Erleichterung und Verkürzung der Behandlung ist dadurch zu erreichen, daß in bestimmten Intervallen reiner Sauerstoff gegeben wird, wobei der Sauerstoffpartialdruck nicht über 2,8 bar liegen darf (Gefahr der Sauerstoffvergiftung). Nachdem in der transportablen Kammer die Behandlung begonnen wurde und der verunglückte Taucher in die stationäre Druckkammer zusammen mit dem Arzt und Hilfspersonal eingeschleust ist, erfolgt nun der eigentliche Behandlungsgang. Der Druck wird, wenn nicht schon in der Transportkammer erfolgt, auf 2,8 bar gesteigert. Dann wird in Intervallen von jeweils 20 Minuten Sauerstoff unter dem erhöhten Druck verabreicht (hyperbare Oxygenation, HBO). Je nach Schwere des Krankheitsbildes wird der Taucher nun in bestimmten zeitlichen Stufen schrittweise »ausgetaucht«, wobei eine Austauchdauer von 12 oder mehr Stunden nicht selten ist. Die Austauchzeit läßt sich durch Atmung von reinem Sauerstoff bei 2,8 bar wesentlich verkürzen, wobei die Dauer der Sauerstoffbeatmung auf den jeweiligen Austauchstufen 20 Minuten nicht überschreiten darf. Die Austauchstufen sind in ihrer zeitlichen Folge festgesetzt, richten sich aber auch nach dem Befinden des Patienten, so daß evtl. eine Stufe abgekürzt werden kann oder aber bei Zunahme der Symptome der Druck wieder erhöht und die Kammerzeit verlängert werden muß.

Hat der verunglückte Taucher die Druckkammerbehandlung erfolgreich und ohne Restbeschwerden hinter sich, so muß er sich aus Sicherheitsgründen noch mindestens 12 Stunden in Nähe der Druckkammer aufhalten, um bei erneutem Auftreten von Krankheitszeichen sofort wieder eingeschleust werden zu können.

Die ausführliche Behandlung dieses Themas bleibt weiterführender Literatur vorbehalten, man sollte jedoch mit den Grundzügen der Druckkammerbehandlung vertraut sein, um im Ernstfall informiert zu sein.

Seit kurzem gibt es eine internationale Organisation für die Sicherheit beim Tauchen. Rund um die Uhr wird kompetente tauchmedizinische Beratung angeboten, einschließlich der Organisation des unverzüglichen Tranportes zum nächstgelegenen Therapiezentrum für Tauchunfälle (Divers Alert Network »DAN«)

DAN Europe:
Deutschland national 04 31-54 09-17 11 oder 17 55. Taucharzt verlangen, Schiffahrtsmedizinisches Institut der Marine, Kronshagen.

DAN Europe Internationale Hotline, Notfallmanagement in vier Sprachen (deutsch, englisch, italienisch,

französisch): REGA Zürich
(0041)1-383 11 11
DAN Europe Malta, nationale
Hotline: (00356)99 41 93
DAN Europe Spanien, nationale
Hotline: (0034) 3-433 15 51
DAN USA Hotline:
(001)919-684 81 11
(Alle Angaben sind ohne Gewähr.)
Nähere Informationen zu DAN auch
unter 0431-5409 17 09

Hubschraubertransport
Deutschland: SAR 0 28 23-33 33
oder 04 31-5 11 App. 4 75
Schweiz: SRFW 0 13 83-11 11
Österreich: Bundesheer-Flugeinsatz-
zentrale 02 22-92 42 32

Verletzungen durch Tiere

Gefahren durch Tiere oder Pflanzen
treten nur in seltenen Fällen auf,
meist ist der Taucher durch Unacht-
samkeit oder Unkenntnis selbst an
der erlittenen Verletzung schuld. Es
ist unmöglich, an dieser Stelle auf
alle Gefahrenquellen einzugehen;
deshalb ist das Folgende auf einige
grundsätzliche Überlegungen be-
schränkt:

- Nicht in Felsspalten hineingreifen;
  eine Muräne könnte sich gestört
  fühlen und aus Angst (nicht aus An-
  griffslust!) zubeißen.
- Handschuhe tragen. Z.B. kann die
  Berührung einer Nesselkoralle in
  tropischen Meeren sehr schmerzhaft sein.

- Mit dem bloßen Körper Berührun-
  gen mit Felswänden oder Sandbo-
  den vermeiden; Seeigelstachel sind
  ein hartnäckig bleibendes Urlaubs-
  souvenir.
- Genaue Beobachtung der Umgebung. Ein Steinfisch ist hervorragend getarnt und eine durch ihn er-
  littene Verletzung kann tödlich sein.
Einige wenige Beispiele sollen nun
näher besprochen werden.

Seeigel

Die Verletzung an einem Seeigel ist
an sich harmlos, jedoch schmerzhaft
und langwierig, weil die Stacheln in
der Haut abbrechen und nur schwer
zu entfernen sind. Die Folge sind oft
lange anhaltende Infektionen.
Behandlung: Die betroffene Stelle
mehrfach mit Öl einreiben und die
Stacheln später mit einer Splitterpin-
zette entfernen.

Petermännchen und Drachenkopf

Sie sind im Mittelmeer heimisch und
besitzen am Rücken sowie an den Kie-
men Stacheln, deren Gift starke
Schmerzen und fieberhafte Allgemein-

reaktionen nach sich ziehen. Eine Verletzung durch die gelegentlich angriffslustigen Petermännchen kann einen mehrtägigen Krankenhausaufenthalt nach sich ziehen. Noch schwerwiegender sind Verletzungen durch die artverwandten Rot- oder Strahlenfeuerfische der Tropengewässer.
Bei derartigen Verletzungen ist die Behandlung durch einen Arzt unbedingt erforderlich.

Muscheln

Wegen ihrer geringen Größe sind die im Mittelmeer heimischen Muscheln im allgemeinen harmlos; sollten Sie jedoch aus Neugierde Ihren Finger in eine tropische Mördermuschel stecken, so kann das eine schwere Verletzung nach sich ziehen.

Quallen

Ihre Berührung verursacht augenblicklich heftiges Brennen mit starken Schmerzen, in seltenen Fällen sogar einen allergischen Schock. Einige Meere wie Nord- und Ostsee sind geradezu verseucht mit Quallen. Tragen Sie daher in diesen Gewässern immer einen Tauchanzug!
Behandlung: Einreiben mit Sand, medizinischen Alkohol oder antiallergische Salben.

Muränen

Diese eleganten Fische werden zu Unrecht beschuldigt, aggressiv zu sein, sie sind im Gegenteil friedliebend und greifen nur an, wenn der Eindringling zu neugierig ist und sie in ihrer Wohnhöhle stört. Der Biß selbst ist ungiftig, jedoch kann die durch den Biß übertragene Infektion eine ernsthafte Allgemeinreaktion hervorrufen. Schuld daran sind die von Beutetieren stammenden Eiweißreste im Gebiß der Muräne.
Behandlung: Verletzte Stelle mit Süßwasser spülen, Wundverband.

Schnecken

Unter den Meeresschnecken gibt es hochgiftige Arten. Eine Gefahr für den Menschen besteht bei einigen tropischen Schnecken. Von den so bezeichneten Giftzünglern sind vor allem die Schrauben- und Kegelschnecken gefährlich. Sie besitzen eine pfeilähnliche, mit Widerhaken besetzte Reibzunge, an deren Basis eine Giftdrüse sitzt. Durch pfeilschnelles Vorstrecken der Zunge bringen sie das Gift in den Körper des Gegners. Mancher Sammler der wunderschönen Kauri-Schnecken ist dadurch schon ums Leben gekommen. Behandlung: Keine wirkungsvollen Maßnahmen bekannt!

Haie

Eine ausführliche Besprechung dieser Räuber der Meere, die dem Taucher relativ selten begegnen und ihm nur in Ausnahmefällen gefährlich werden, muß spezieller Literatur vorbehalten bleiben. Soweit möglich, soll hier nur gesichertes Wissen über Gefährlichkeit und Angriffsverhalten dieser eleganten Raubfische ausgeführt werden.
Als große Raubfische sind Haie auch potentielle Gefahren für den Menschen, wobei nur einige wenige Arten auf Grund ihrer Größe und ihres Verhaltens dem Menschen wirklich gefährlich werden können. Zunächst erscheint der Mensch für den Hai unter

Wasser als großer, ebenfalls gefährlicher Gegner, der erst bei fehlerhaftem Verhalten als mögliche Beute erkannt wird. Man sollte sich deshalb folgende Verhaltensregeln aneignen:

- Erkundigungen über das mögliche Auftreten von Haien einholen. In manchen Gegenden müssen Sie regelmäßig, in anderen nie mit Haibegegnungen rechnen.
- Schwimmer und Surfer sind wesentlich mehr gefährdet als Taucher, da durch Schwimmbewegungen an der Wasseroberfläche für den Hai eine leicht erreichbare Beute signalisiert wird.
- Sorgfältige Wahl des Tauchplatzes. Im offenen Meer oder an Flußmündungen befindet sich das Jagdrevier der Haie; an Riffen ist man durch den Fels besser vor Angriffen geschützt.
- Wahl der Tauchzeit. Haie jagen vornehmlich in der Dämmerung und nachts; man sollte deshalb bei zu erwartenden Haibegegnungen in der Abenddämmerung oder nachts vorsichtig sein.
- In der Nähe des Bootes bleiben und Rücken an Rücken tauchen. Immer dem Hai zuwenden und niemals panikartig auftauchen.
- Das Verhalten des Hais beobachten. Er bleibt normalerweise in respektvoller Entfernung und verschwindet schnell. Wenn er jedoch auffallendes Interesse zeigt, unruhig hin und her schwimmt und Kreise zieht, kann ein Angriff bevorstehen.
- Am häufigsten sind sog. »hit-and-run«-Attacken, bei denen der Hai

127

meist im Flachwasser kurz zuschnappt, aber sofort wieder losläßt.

- Wesentlich gefährlicher ist die Stoß- und Beißattacke im tieferen Wasser. Der aggressive Hai umkreist den Taucher/Schwimmer und stößt ihn erst mit der Schnauze an, bevor er endgültig angreift und heftig zubeißt. Der Taucher hat eine verhältnismäßig gute Chance, wenn er sich nach dem Anstoßen sofort wehrt (Kamera, Messer etc.).
- Am gefährlichsten ist der Überraschungsangriff großer, über zwei Meter großer Haie (Tiger-, Bull- oder Weißhai), deren Angriff von unten oder hinten erfolgt. Durch die Größe des geöffneten Mauls ist die Verletzung oft beim ersten Biß tödlich.

Testfragen

1. Nenne einige Grundvoraussetzungen der Tauchtauglichkeit.
2. Welche gesundheitlichen Risiken verbieten das Tauchen?
3. Wie oft ist eine Tauchuntersuchung erforderlich?
4. Ablauf der Bergung eines Bewußtlosen.
5. Wann muß mit der Atemspende begonnen werden?
6. Was ist bei der Atemspende zu beachten, damit die Luft in die Lungen gelangen kann?
7. Warum kann der Retter bei der Atemspende bewußtlos werden?
8. In welchem Rhythmus werden Atemspende und Herzdruckmassage durchgeführt?
9. Wie lange muß eine Wiederbelebung durchgeführt werden?
10. Wie wird ein Verunglückter nach einem Caisson- oder Lungenüberdruckunfall gelagert?
11. Was ist bei einem Hubschraubertransport zu beachten?
12. Wie ist eine Druckkammer konstruiert?
13. Warum werden auch zur Notfallbehandlung 2-Mann-Überdruckkammern empfohlen?
14. Ab welcher Druckstufe wird reine Sauerstoffatmung in die Behandlung einbezogen und was bewirkt dies?